Bernard Bertrand • Jean-Paul Collaert • Eric Petiot

BRENNNESSEL-JAUCHE & CO.

Pflanzen retten Pflanzen

Leopold Stocker Verlag

Graz – Stuttgart

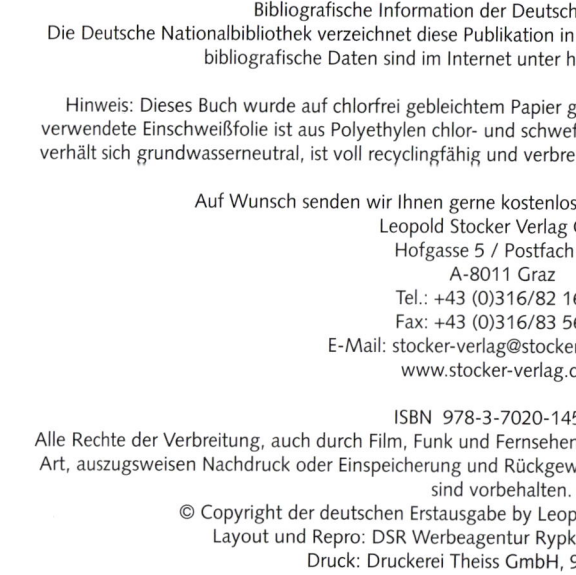
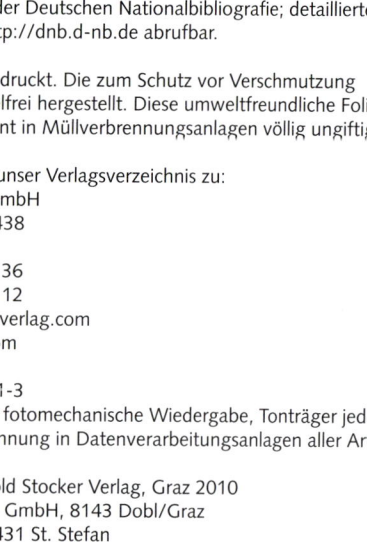

Umschlaggestaltung: Werbeagentur Rypka GmbH, 8143 Dobl/Graz, www.rypka.at
Umschlagbild: Günter Hauer, Graz

Titel der französischen Originalausgabe: Bernard Bertrand, Jean-Paul Collaert, Eric Petiot: Purin d'Ortie & Cie.
Les plantes au secours des plantes. © Éditions de Terran, 4e édition mise à jour, 2012

Aus dem Französischen ins Deutsche übertragen von Birthe Louisin

Bildnachweis: Archiv der Autoren.

Bibliografische Information der Deutschen Nationalbibliothek
Die Deutsche Nationalbibliothek verzeichnet diese Publikation in der Deutschen Nationalbibliografie; detaillierte bibliografische Daten sind im Internet unter http://dnb.d-nb.de abrufbar.

Hinweis: Dieses Buch wurde auf chlorfrei gebleichtem Papier gedruckt. Die zum Schutz vor Verschmutzung verwendete Einschweißfolie ist aus Polyethylen chlor- und schwefelfrei hergestellt. Diese umweltfreundliche Folie verhält sich grundwasserneutral, ist voll recyclingfähig und verbrennt in Müllverbrennungsanlagen völlig ungiftig.

Auf Wunsch senden wir Ihnen gerne kostenlos unser Verlagsverzeichnis zu:
Leopold Stocker Verlag GmbH
Hofgasse 5 / Postfach 438
A-8011 Graz
Tel.: +43 (0)316/82 16 36
Fax: +43 (0)316/83 56 12
E-Mail: stocker-verlag@stocker-verlag.com
www.stocker-verlag.com

ISBN 978-3-7020-1451-3

Layout und Repro: DSR Werbeagentur Rypka GmbH, 8143 Dobl/Graz
Druck: Druckerei Theiss GmbH, 9431 St. Stefan

Inhalt

3

Geleitwort

Die Idee, fermentierte Mittel für den eigenen Garten selbst herzustellen, ist nicht neu. Zur Förderung der Pflanzengesundheit, zur Bekämpfung einer Funktionsstörung des Ökosystems (wie der starken Ausbreitung von Schädlingen oder bereits ausgebrochenen Krankheiten) oder generell zur Steigerung der Erträge unserer Gemüsegärten werden die Mittel nämlich schon seit Generationen angewandt.

Die Brennnesseljauche ist das bekannteste dieser äußerst vielfältigen, auf Pflanzenbasis hergestellten Mittel. Dabei haben Gärtner häufig ihre eigene Zubereitung, eigenen Tricks oder Geheimnisse … Doch noch nie wurde ein echtes Rezept wirklich einer fachkundlichen Prüfung unterzogen. Deshalb hat dieses Buch vor allem zum Ziel, Erfahrungen zusammenzutragen und wiederholbar zu machen.

Das diesbezügliche Wissen wurde von unseren Vorfahren nur mündlich und sozusagen „über die Hecke" weitergegeben. Es baut zwar rein auf Erfahrungen auf, ist aber äußerst dienlich und weitgehend gefahrlos – und das unabhängig von der verwendeten Pflanze und ihrer eventuellen Giftigkeit!

Einer der wichtigsten Vorzüge der aus rein natürlichen Inhaltsstoffen hergestellten Mittel ist ihre völlige, schnelle und systematische – da in den Lebenszyklen vorgesehene – Zersetzung (100 % biologisch abbaubar!). Also genau das Gegenteil der chemischen Syntheseprodukte, deren Moleküle von der „biologischen Fabrik" Natur nicht erkannt werden. So sammeln sie sich jahrzehntelang oder noch länger in erster Linie im Boden an und vergiften langsam, aber sicher die Umwelt.

Zu diesem, durch wissenschaftliche Arbeiten von Toxikologen seit Langem nachgewiesenen Schluss gelangt jeder, der noch mit einem Minimum an Gefahrenbewusstsein beschienen ist. Nun könnte man erwarten, dass unsere Behörden – ob auf Länder- oder EU-Ebene – auf diese klare Sachlage mit einer klaren Antwort reagieren, nämlich der Zulassung von biologisch abbaubaren und gesunden Mitteln und dem Verbot von solchen, die stark remanent und anerkanntermaßen gefährlich sind.

Aber so einfach ist es leider nicht. Immer wieder kommt es vor, dass unter dem Deckmantel von Gesetzen, die auf Kosten des einfachen Bürgers die Interessen der Lobbys schützen, die Ausbringung von mit „Totenkopf" gekennzeichneten Mitteln auf unseren Feldern genehmigt wird. Und um jeglicher glaubwürdigen Alternative endgültig den Hahn abzudrehen, neigt der Gesetzgeber* dazu, natürliche Mittel zu verbieten, die viele Gärtner schon seit ewigen Zeiten verwenden! Um diesen Schatz gilt es jetzt zu kämpfen, damit auch die kommenden Generationen noch selbstbestimmt handeln können. Diesen Widerstand leistet, wer die altüberlieferten Methoden einsetzt und so weit wie möglich verbreitet – ganz so, wie dies seit Menschengedenken mit Pflanzensamen praktiziert wird, die, seltsamerweise, ähnlich „administrativ" behandelt werden …

„Wer gärtnert, der ist." Das ist heute ein Akt des Widerstands!
Bernard Bertrand

P. S.: Tun wir das nicht, laufen wir Gefahr, ein Gut zu verlieren, das wir uns über Generationen hinweg erworben haben, nämlich die Freiheit!

* Hinweis der Redaktion: Bernard Bertrand hat hier natürlich in erster Linie die französischen Verhältnisse vor Augen.

Vorwort

Dieses Buch entstand aus einem Impuls heraus, der im Anschluss an eine Begegnung im November 2001 konkrete Formen annahm. Anlass war eine Podiumsdiskussion zum Thema Pflanzenextrakte (damals noch als Jauchen bezeichnet). Angesichts der Begeisterung der Zuhörer, der langen Liste unbeantworteter Fragen und vor allem auch aufgrund des bereits erreichten Kenntnisstandes schien einigen von uns der Moment für eine Bestandsaufnahme zu diesem Thema gekommen.

Damals haben wir uns zu dritt mit dem Ziel zusammengetan, die Ergebnisse unserer verschiedenen Versuche, Überlegungen und Forschungsansätze zu vereinen. Wir wollten ein Buch schreiben, mit dem allen Gartenfreunden, die ihre Pflanzen nicht mit der „chemischen Keule" erschlagen wollten, geholfen werden sollte. Das Ganze sollte vor allem praktisch ausgerichtet sein und über eine bloße Ansammlung von Tipps und Tricks hinausgehen.

Sechs Monate und 5.000 Kilometer später hatten unsere Ermittlungen weit mehr ergeben, nämlich einen neuen Blick nicht nur auf Garten und Pflanzen, sondern auch auf den Platz des Menschen in seiner Umwelt. Zudem hatten wir viele interessante Menschen mit großem Erfahrungsschatz kennengelernt. Jetzt galt es, diese ertragreiche Ernte bestmöglich zu verarbeiten!

Wir hoffen, dass dieses Buch Lust zum Lesen erweckt, auch wenn es mit seinen zahlreichen Details auf den ersten Blick abschreckend wirken mag. Auf diese wollten wir dennoch nicht verzichten, auch mit dem Risiko, uns vielleicht manchmal zu wiederholen. Denn eine übertriebene Vereinfachung ist wohl das Schlimmste, das bei der Behandlung von so umfassenden Themen wie den Fermentationsprozessen passieren kann. Aber seien Sie beruhigt, Sie müssen nicht sämtliche hier genannten Rezepturen ausprobieren! Vielmehr sollten Sie sich zu Beginn auf einige wenige Extrakte beschränken (wobei die Brennnessel wirklich unumgänglich erscheint!), die Sie sorgfältig zubereiten und nach allen Regeln der Kunst einsetzen. Rufen Sie sich Ihre schwierigen Anfänge beim Kochen oder Heimwerken in Erinnerung … oder den Beginn Ihrer Gärtnerlaufbahn. Und gehen Sie schrittweise vor. Diese Vorgehensweise wird bald Früchte tragen.

Dennoch sollten Sie Ihre Begeisterung nicht übertreiben und die Extrakte als wahre Wundermittel preisen. Denn sie sind nur eine erfolgreiche Methode unter vielen. Und manchmal kann es sogar am besten sein, gar nicht einzugreifen, damit die Natur von selbst zu einem harmonischen Funktionieren zurückfinden kann. Das aber erfordert viel weise Zurückhaltung vom Gärtner!

Anstelle einer Einleitung

Was gibt es Neues zum Thema Pflanzenjauche? Eine durchaus berechtigte Frage, wenn sie auch überraschend erscheinen mag, sollte man doch davon ausgehen können, dass dieser Bereich nach jahrhundertelanger Praxis eingehend bekannt sei. Aber dem ist nicht so … Denn auch wenn so mancher meint, zu diesem Thema sei bereits alles gesagt, so sind doch immer mehr von uns absolut überzeugt, dass die meisten Geheimnisse der Pflanzenextrakte – ob fermentiert oder nicht – noch zu enthüllen sind. Es ist an der Zeit, nicht mehr nur auf den reinen Erfahrungsschatz aufzubauen, denn dieser Ansatz hätte unseren Pflanzenextrakten beinahe ihr Renommee ruiniert.

Gerade weil wir uns wie alle anderen beim Einsatz von Pflanzenjauchen jahrelang auf die überlieferten, vagen Empfehlungen stützten und so an unsere Grenzen gelangten, sind wir heute an einem Punkt angelangt, an dem wir so manches infrage stellen und auf unsere eigene Weise weiterentwickeln.

Wie alle anderen ließen wir unsere Mischungen faulen, statt sie fermentieren zu lassen.

Wie alle anderen kamen wir zu der Erkenntnis, dass es „eben manchmal funktioniert und manchmal nicht". Und wie alle anderen sagten wir uns: „Schaden kann es nicht."

Kurz, wir haben wie alle anderen unser Gewissen damit beruhigt, dass wir Mittel einsetzten, von denen wir hofften, sie seien „sauber", aber von denen wir weder die Zubereitung noch den richtigen Einsatz beherrschten und deren Wirkweise uns völlig unbekannt war.

Wir trieben im Strom der Überlieferung und ließen uns von einer stur auf Altbekanntes aufbauenden Fachliteratur zum ökologischen Gartenbau leiten. Damit arbeiteten wir unseren Kritikern in die Hände, die uns als rückständig bezeichneten und uns vorwarfen, wir wollten arbeiten wie zu Beginn des (20. [!]) Jahrhunderts. Recht hatten sie! Wir hätten schon viel früher auf sie hören sollen. Aber wir waren uns unserer Sache so sicher, dass wir ihnen damals nichts anderes entgegenzusetzen hatten als den Hinweis, dass es „schon nicht schaden wird".

Kurswechsel

Erste und wesentliche Veränderungen: unsere Einstellung ändern, die Gartenarbeit neu überdenken und unsere Auffassung von Pflanzenbehandlung völlig umorientieren.

Die erste Phase dieser Umstellung setzt voraus, dass der Garten als wahres Ökosystem betrachtet wird. Das bedeutet – kurz gesagt, denn eigentlich ist dies nicht Thema dieses Buches –, dass wir unser sämtliches Tun darauf ausrichten, das Gleichgewicht dieses Lebensraums wiederherzustellen. Ein Gleichgewicht, bei dem Krankheitserreger und Schädlinge, denen Pflanzen gewöhnlich zum Opfer fallen, so weit wie möglich auf Distanz gehalten werden.

Das ist genau das Gegenteil des ständigen Ungleichgewichts, das wir mit unserer allein auf den Ertrag ausgerichteten Arbeit fördern. Die Gesundheit – von Pflanzen und Verbraucher! – bleibt dabei auf der Strecke. An diesem wesentlichen Punkt möchten wir mit der vorliegenden Arbeit ansetzen. Wir müssen die Ernährung der Pflanzen hinterfragen, ganz so, wie wir uns auch über unsere eigene Nahrung Gedanken machen. Und wenn es noch keine Ernährungswissenschaft für Pflanzen gibt, dann müssen wir sie eben erfinden! Rufen wir uns eine alte Weisheit in Erinnerung: Die Gesundheit eines Lebewesens ist immer nur so gut wie seine Ernährung. Das ist eigentlich reiner Menschenverstand, wurde aber zu lange bestritten. Stattdessen wurde davon ausgegangen, man könne Boden und Pflanzen mit drei Elementen ernähren (dem berühmten Trio N, P, K: Stickstoff, Phosphor, Kalium); wie man auch meinte, Tiere und Menschen mit Pellets und Pillen abspeisen zu können.

Die Erfahrung hat uns gelehrt, dass dies nicht nur unmöglich ist, sondern auch zwangsläufig zu Gesundheitskatastrophen mit unabsehbaren Folgen führt.

Unsere Aufmerksamkeit muss also ganz dem Gleichgewicht im Garten und der gesunden Pflanzenernährung zugewandt werden. Mit dieser neuen Einstellung können wir die Gesundheit – und folglich auch die Widerstandsfähigkeit – unserer Schützlinge fördern. So wird es ihnen besser gehen und dafür werden sie sich uns zur Erntezeit erkenntlich zeigen. Reiner Menschenverstand!

Wie ein edler Tropfen!

Zur praktischen Umsetzung dieser neuen Erkenntnisse bieten sich verschiedene Möglichkeiten an. Davon wollen wir uns hier vor allem den fermentierten und unfermentierten Pflanzenextrakten zuwenden, denn diese können ganz wesentlich zum Wohlbefinden der Pflanzen beitragen. Zu ihnen gehört die unumgängliche Brennnesseljauche.

Wie in allen anderen Bereichen müssen wir auch hier unsere Fehler der Vergangenheit untersuchen und aus ihnen lernen, auch wenn wir nur langsam vorankommen, da wir uns ständig neu irren. Denn unabhängig davon, ob unser Wissen überliefert oder wissenschaftlich erarbeitet wurde, es hat nur dann Wert, wenn wir es als einen zu einem gewissen Zeitpunkt gültigen Kenntnisstand ansehen und nicht als universelle und unabänderliche Weisheit.

Konkret gesagt müssen wir unsere Auffassung von den untersuchten Mitteln, ihrer Herstellungs-

art, ihrer Wirkungsweise und den Gründen für ihren Einsatz völlig neu überdenken. Pflanzenextrakte sind lebende Substanzen und müssen als solche behandelt werden. Tatsächlich ähnelt nichts so sehr der Herstellung eines Brennnesselextraktes wie die Herstellung von Wein!

Das liegt auf der Hand, schließlich entstehen beide durch ein und denselben biologischen Prozess: die Fermentation. Folglich ist klar, dass wir bei der Ausarbeitung von qualitativen Pflanzenextrakten die gleiche Sorgfalt walten lassen müssen wie die Winzer aus Bordeaux bei der Herstellung eines Jahrgangsweins.

Dieser Vergleich mag übertrieben erscheinen, aber er ist es nicht. Denn von den Tausenden Gärtnern, die fermentierte Pflanzenextrakte erzeugen, überwachen nur die allerwenigsten das Herstellungsverfahren. Eigentlich unglaublich.

Wäre nur eine einzige neue Information aus diesem Buch zu behalten – dies ist zum Glück nicht der Fall! –, dann wäre es die Notwendigkeit dieser Überwachung. Heute verfügen wir über die nötigen Kenntnisse und technischen Mittel dazu und wissen, dass Pflanzenextrakte genau wie Qualitätsweine nicht auf gut Glück gewonnen werden können.

Statt nach dem Zufallsprinzip sollte hier mit Disziplin und Gründlichkeit vorgegangen werden. Dabei übernimmt eine minimalistisch ausgerüstete „Labor-Ecke" langsam, aber sicher die Rolle des übel riechenden hintersten Gartenwinkels.

Aber seien Sie beruhigt, Sie müssen weder ein Vermögen ausgeben noch alle Ihre Gewohnheiten umwerfen. Wenn Sie unsere Ratschläge befolgen, nähern Sie sich allmählich dem Ziel und die erreichten Fortschritte werden Sie weiter ermutigen und anstacheln. Die weniger Betuchten werden mit Findigkeit und Material aus zweiter Hand vorankommen; doch auch sie sollten nicht auf gewisse Werkzeuge verzichten, die unerlässlich sind, um Extrakte zu gewinnen, die zu einheitlichen, zuverlässigen und wiederholbaren Ergebnissen führen.

Nennen Sie mich nie mehr Jauche!

Die Herstellung und der Einsatz von Pflanzenextrakten sind abhängig von zahlreichen Einflussfaktoren und lassen keinen Raum für ungenaues Vorgehen. Dieses aber ist weitverbreitet, deshalb werden wir exakt bei dieser Ungenauigkeit ansetzen; denn sie führte bisher zu Substanzen, deren wesentlicher Schwachpunkt nicht ihr übler Geruch war, sondern eine außergewöhnliche Uneinheitlichkeit und stark schwankende Effizienz, um nur diese beiden Punkte zu erwähnen. Doch bevor wir uns im Einzelnen mit den verschiedenen Einflussfaktoren und jüngsten Entdeckungen in diesem Bereich (wie dem pH-Wert des Wassers, der kontrollierten Fermentation, den verschiedenen Einsatzarten usw.) beschäftigen, möchten wir zunächst auf ein Thema eingehen, das uns besonders am Herzen liegt, nämlich den schlechten Ruf der Jauche. Dem wollen wir hier ein Ende setzen. Böse Zungen mögen jetzt einwerfen, dass uns das nicht gelingen wird, wenn wir selbst unserem Buch den Titel „Brennnesseljauche & Co." geben! Gut bemerkt. Aber Sie werden überrascht sein, dass über diese Einführung hinaus das Wort Jauche im vorliegenden Werk nur noch gelegentlich verwendet wird.

Weg also mit dem Begriff Jauche, er hat ausgespielt! An ihre Stelle treten die Pflanzenextrakte, ein neuer Begriff, der unter anderem den Vorteil hat, auch sämtliche ähnlichen Herstellungsverfahren wie Tees, Brühen und fermentierte Mittel einzuschließen. In naher Zukunft werden weitere Pflanzenextrakte dazukommen, allen voran die ätherischen Öle, die bereits vielversprechende Anwendungen erahnen lassen. Warum erscheint Jauche nun im Titel dieses Buches? Allein deshalb, weil der Begriff aus kulturellen Gründen bei uns Gärtnern und Bauern fest im Unterbewusstsein verwurzelt ist. Um sicherzustellen, dass dem Leser unser Thema eindeutig klar wird, haben wir uns deshalb für den unmissverständlichen Titel „Brennnesseljauche & Co." entschieden.

Abgesehen davon ist uns auch bewusst, dass der Begriff nicht von heute auf morgen aus dem Sprachgebrauch verschwinden wird. Aber wir sollten uns bemühen, ihn so wenig wie möglich zu benutzen und langsam, aber sicher aus unserem Wortschatz zu verdrängen. Wenn wir statt von Jauche von Pflanzenextrakten sprechen, wird sich das auch positiv auf das Ansehen unseres Fachgebietes auswirken.

Zudem können wir dadurch dem „anrüchigen" Ruf, der der Pflanzenjauche anhaftet, entgegenwirken. Denn Ihre neuen Pflanzenextrakte werden zwar nicht gerade den sanften Duft einer Rose verbreiten, aber auf jeden Fall weniger stinken als ihre Vorgänger, kann dieser unerwünschte Nebeneffekt doch mit nur wenig systematischem Vorgehen eingeschränkt werden.

Wie kann das genau erreicht werden? Natürlich über eine kontrollierte Fermentation. Nehmen wir noch einmal den Vergleich mit der Weinherstellung auf. Eines der wichtigsten neu zu überdenkenden Verfahren ist das zu lange Einweichen. Denn bisher haben wir in acht von zehn Fällen mit Fäulnisprozessen gearbeitet – und so Mittel erzeugt, die ganz zu Recht als Jauche bezeichnet wurden.

Pflanzenextrakte stinken nicht mehr!

Einer der größten in den vergangenen acht Jahren erzielten Fortschritte ist die Kontrolle des Fermentationsprozesses. Darauf werden wir im Folgenden genauer eingehen. All das ist zwar schon seit Langem bekannt, wurde aber viel zu selten in der Praxis eingesetzt. Keines der von uns zurate gezogenen Werke aus den Jahren 1970 bis 1995 geht darauf ein. Erst die 1997 herausgegebene dritte Ausgabe der „Secrets de L'Ortie" (Geheimnisse der Brennnessel), die einen Überblick über die Arbeit des Brennnessel-Fachmanns Jean-Claude Chevalard gibt, liefert schwarz auf weiß Ratschläge für die Extraktherstellung. Bis dahin hatte auch niemand die Konsequenzen dieser mangelnden Kontrolle ermessen, gab man sich doch gemeinhin mit einer Ausbeute zufrieden, die mehr dem Zufall als wahrem Know-how zu verdanken war. Ein wesentlicher Fortschritt also, auf dem wir uns dennoch nicht ausruhen sollten. Denn genau wie eine gesunde Ernährung nicht ausreicht, um einen stressgeplagten Körper wieder ins Lot zu bringen, können auch fachgemäß hergestellte Pflanzenextrakte allein nicht alle Probleme mit dem Pflanzenwachstum beheben. Vielmehr sind auch der richtige Zeitpunkt für ihre Aufnahme, die äußeren Bedingungen und die richtige Dosierung zu berücksichtigen, ganz zu schweigen von allen anderen auf das Pflanzenwachstum einwirkenden Umständen.

So wurden weitere wesentliche Faktoren erkannt, deren kontrollierter Einsatz bald zu positiven Konsequenzen führte, darunter zum Beispiel die Qualität des verwendeten Wassers und der pH-Wert des gewonnenen Mittels.

Neben diesen Elementen, die mit einfacher und leicht zugänglicher Ausrüstung gemessen werden können, dürfen auch die Umwelteinflüsse nicht vernachlässigt werden. Ganz wesentlich sind dabei die Witterungsverhältnisse: Eine Trockenperiode oder bevorstehender starker Regen sind ganz entscheidende Faktoren, die beim richtigen Einsatz von Pflanzenextrakten berücksichtigt werden müssen und sich direkt auf die Erfolgschancen auswirken. Denn es darf nicht vergessen werden, dass man beim Spiel mit Pflanzenextrakten nicht immer als Gewinner hervorgeht! So kann eine unüberlegte oder unangemessene Behandlung auch zu zusätzlichem Stress für die Pflanze führen.

Bevor wir nun zur Sache kommen, muss noch kurz Zeit sein für eine letzte und ganz wesentliche Anmerkung zur Veränderung unserer Einstellung den Pflanzenextrakten gegenüber. Denn ein Irrglaube bleibt hartnäckig bestehen, von dem wir uns unbedingt befreien sollten. Demnach sind Pflanzenextrakte – und insbesondere die von Brennnesseln – nichts anderes als organische

Dünger. Aber das stimmt nicht, denn die Extrakte ernähren die Pflanze nicht, sondern sie fördern ihr Wachstum! Diese neue Erkenntnis müssen wir uns unbedingt aneignen: Die meisten Pflanzenextrakte wirken als Biostimulanzien!

Der neue Botenstoff ist da!

Alle jüngeren Arbeiten zu dem Thema – deren Initiative einmal mehr auf den Extrakterzeuger Jean-Claude Chevalard, zurückgeht – haben eindeutig erwiesen, dass der interessanteste Aspekt der Pflanzenextrakte die stimulierende Wirkung ist, die sie auf Pflanzen – bzw. auf deren Wachstum und Abwehrkräfte – ausüben. Das ist auf die besondere Funktion von pflanzlichen Botenstoffen (auch als „Elicitoren" bezeichnet) zurückzuführen – ein neuer Begriff, der uns veranlasst, die Ernährung der Pflanzen völlig neu zu überdenken.

Dies betrifft zunächst einmal den Boden, der in seiner Funktion als Nährboden die Mikrobenflora der Pflanzen neu belebt. So führen Pflanzenextrakte auf konventionell bearbeiteten Böden zu noch spektakuläreren Ergebnissen als auf Bio-Flächen. Kurz gesagt: Je schlechter die Böden vor der Anwendung mit Pflanzenextrakten behandelt wurden, umso höher können die Erwartungen gesteckt werden!

Insofern wird sich auch unsere ganze Einstellung ändern, denn der Ansatz lautet nicht mehr: „Ich dünge meine Pflanzen, um einen möglichst starken Ertrag zu erhalten", sondern: „Ich bringe die zur Revitalisierung des Bodens und zur richtigen Ernährung der Pflanze nötigen Stoffe ein, denn diese sind für ihr Wachstum unbedingt erforderlich. So verbessere ich ihre Abwehrkräfte und meine Erträge!".

Dabei ist natürlich klar, dass Pflanzenextrakte allein nicht sämtliche Pflanzengesundheitsprobleme lösen können, denn sie sind eben nicht das Wundermittel, als das sie in der Vergangenheit gerne dargestellt wurden. Aber mit ihnen halten wir einen ganz wichtigen Trumpf für das Gleichgewicht der Kulturen in der Hand. Und es wäre sehr schade, diesen nicht auszuspielen, egal ob im konventionellen oder im biologischen Anbau. Mit Pflanzenextrakten sorgen wir dafür, dass der Schädlingsdruck auf gesunde Pflanzen auf einem für diese erträglichen Niveau gehalten wird, wodurch wir uns auf eine minimale Anzahl von Eingriffen beschränken können. Bestenfalls müssen wir gar nicht weiter aktiv werden.

Es geht also darum, den allgemeinen Gesundheitszustand der Pflanze zu verbessern. Dieser rein präventiv ausgerichtete Ansatz hat nichts mehr gemein mit dem der konventionellen Landwirtschaft, die Böden und Pflanzen mit chemischen Molekülen spritzt und zwei wesentliche Konsequenzen hat: die Schwächung des Immunsystems der Pflanze und die Resistenz der Schädlinge gegen die Bekämpfungsmittel.

Vor diesem Hintergrund wird verständlich, warum sich nicht mehr alles um die völlige Vernichtung von Schädlingen und Krankheitserregern dreht. Denn von den Schädlingen geht keine größere Bedrohung aus als von den Milliarden Keimen in der Luft, die wir ständig einatmen. Die jahrzehntelange Erfahrung der chemischen Landwirtschaft hat den utopischen Charakter der Idee einer totalen Schädlingsvernichtung aufgezeigt. Wir müssen also wieder lernen, mit ihnen zusammenzuleben und unser Verhältnis zu Schädlingen und Krankheiten überdenken.

Ein neuer Blick auf die Schädlinge

Ziel muss es sein, die Parasitenpopulationen im Zaum zu halten. Pflanzenextrakte in ihren verschiedenen Varianten sind uns dabei eine wertvolle Hilfe. Falls das Gleichgewicht nämlich einmal unterbrochen werden sollte, können wir die Angriffe der Schädlinge mit eben diesen Mitteln bekämpfen. Nicht alle sind schließlich reine Biostimulanzien: Einige töten Insekten ab, andere Pilze und wieder andere haben eine erstaunliche antibakterielle Wirkung oder sind effiziente Abwehrmittel.

Dazu gehören Extrakte aus Schachtelhalm, Farn, Rainfarn, Knoblauch oder Dalmatinischer Insektenblume – um nur die gängigsten zu nennen. Wir können in den allermeisten Fällen folglich die unsere Pflanzen bedrohende Aggression mit Mitteln bekämpfen, die natürlich, umweltfreundlich und als unmittelbare Konsequenz auch gesundheitsschonend für uns selbst sind.

Das gilt bereits heute und sicher noch mehr in der Zukunft, da unser Kenntnisstand Fortschritte machen wird. Wir befinden uns schließlich noch in der Anfangsphase der Erkundung der Wirkungsweise und der Anwendung von Pflanzenextrakten. Biostimulanzien selbst sind so neu, dass die hier beschriebenen Mittel aus rechtlichen Gründen (Stichwort: Zulassungsverfahren) noch nicht vertrieben werden können. Daher sollten wir uns auch nicht vor den Fortschritten fürchten, die wohl in Zukunft das hier Geschriebene in Zweifel ziehen werden; denn Wissen ist dazu da, weiterentwickelt zu werden. Es ist keine Schande, wenn wir uns heute irren und morgen auf diese Fehler aufbauen, um eine bessere Zukunft zu schaffen. Das Schlimmste wäre, sich auf seinen Lorbeeren auszuruhen.

Deshalb werden Sie auch selbst das letzte Kapitel dieses Buches schreiben. Machen Sie Ihre eigenen Experimente! Da diese auf gemeinsamen Grundlagen aufbauen, werden Sie sie auch mit denen Ihrer Kollegen vergleichen und so Ihre eigenen Schlussfolgerungen ziehen können.

Vergessen Sie auch nicht, dass die Liste der hier eingesetzten Pflanzen zwar eine solide Basis bietet, aber keinen Anspruch auf Vollständigkeit erhebt. Ganz im Gegenteil: Stützen Sie sich auf unsere Ratschläge, um andere Pflanzen auszuprobieren, die Sie mit Ihren Ressourcen und in Ihrer Umgebung finden können. Dabei sind Ihren Experimenten und Ihrer Neugier keine Grenzen gesetzt!

Und vertrauen Sie uns Ihre Ergebnisse an, damit wir alle gemeinsam in einem Bereich Fortschritte machen, der viel verspricht und auf dem die Hoffnung gründet, unsere Böden noch lange Zeit mit dem Respekt zu bearbeiten, der einer Mutter Erde gebührt.

Der Geist dieses Buches:
Pflanzen retten Pflanzen

Unser Buch ist in erster Linie ein praktischer Leitfaden, eine Gebrauchsanweisung für die „Hausapotheke" aller Gartenfreunde. Den Inhalt dieser Apotheke kann jeder von Ihnen ganz nach seinen eigenen Bedürfnissen und den ihm zu Verfügung stehenden Mitteln gestalten. Sie finden auf den kommenden Seiten eine Vielzahl von Informationen, sowohl zur Zubereitung der Mittel als auch zu ihrer Lagerung und genauen Anwendung.

Natürlich beziehen sich die Ratschläge nicht nur auf fermentierten Brennnesselextrakt, sondern auf ein reiches Sortiment an Pflanzenextrakten, die derzeit in fermentierter oder unfermentierter Form in Landwirtschaft und Gemüsebau eingesetzt werden. Davon ausgeschlossen haben wir ganz bewusst Extrakte aus exotischen Pflanzen und Algen, da Sie diese nicht selbst produzieren können. Aber auch ohne sie ist unser Sortiment dafür geeignet, auf die meisten der in kleinen oder großen Gärten, in der Landwirtschaft oder beim Obst- und Gemüseanbau auftretenden Probleme einzugehen. Für das Buch haben wir die Früchte unserer eigenen Erfahrungen zusammengetragen:

Eric, der Landschaftsgärtner, der seine Zeit mit der Pflege von Pflanzen und mit Experimenten an ihnen verbringt.

Jean-Paul, Journalist und Gartenbesitzer in einem Vorort von Paris, der schon lange überzeugt ist, dass er sein Paradies mit den Kräften der Natur am besten pflegen kann.

Bernard, Bauer und Schriftsteller, der seit 25 Jahren auf einem untypischen kleinen Hof in den Pyrenäen biologische Landwirtschaft betreibt.

Aber wir wollten uns nicht mit unseren Erfahrungen alleine zufriedengeben, denn das Thema ist so weitreichend und es hat sich in den vergangenen Jahren auf diesem Gebiet so viel verändert, dass es uns wichtig erschien, noch weitere Kenntnisse einzubeziehen.

Dazu haben wir fünf anderen großen Nutzern und Erzeugern von Pflanzenextrakten das Wort erteilt. Sie alle haben sich irgendwann einmal als Profis oder leidenschaftliche Amateure für die gemeinsame Sache eingesetzt und als Vorreiter auf dem Gebiet von fermentierten oder unfermentierten Pflanzenextrakten agiert.

Die folgenden Informationen sollten auch die Wissensdurstigsten unter Ihnen zufriedenstellen!

Pflanzen, die dem Gärtner helfen

Sämtliche Pflanzen, die um Ihr Haus herum wachsen, bieten sich als Nährstoffe für den Garten an.

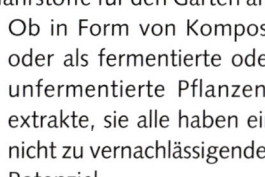

Ob in Form von Kompost oder als fermentierte oder unfermentierte Pflanzenextrakte, sie alle haben ein nicht zu vernachlässigendes Potenzial.

Um jedoch die richtige Auswahl zu treffen, muss man wissen, welche Effekte diese Pflanzen nach ihrer Umwandlung zu Super-Biostimulanzien herbeiführen. Außerdem wurden noch nicht alle von ihnen getestet und nicht alle untersuchten Pflanzenextrakte werden bereits eingesetzt. Da wir uns hier auf konkrete Erfahrungen stützen, werden wir im Folgenden diejenigen Pflanzen behandeln, mit denen mindestens einer von uns dreien oder einer unserer fünf Fachleute regelmäßig arbeitet. Das soll natürlich nicht heißen, dass andere Pflanzen ineffizient sind. Ganz im Gegenteil, auch sie sollten genau untersucht und möglichst zum Gegenstand einer Veröffentlichung gemacht werden.

Wenn wir hier auf manche Pflanzen nicht eingehen, dann nur deshalb, weil wir keine nicht oder wenig geprüften Informationen verbreiten wollten. Aber die Zukunft wird uns sicher weiterbringen. Denn einige der hier behandelten Pflanzen haben das Potenzial, ganz alleine die angesprochene Not-Apotheke zur Heilung der meisten Gartenproblemchen zu füllen. Gemeint sind die vier „grünen Musketiere": Brennnessel, Beinwell, Schachtelhalm und Adlerfarn.

Eric Petiot

Jean-Paul Collaert

Bernard Bertrand

Der beste Einsatz der Extrakte

Wenn Sie zu Beginn dieses Kapitels bereits eine hübsche Sammlung von gut gefüllten Kanistern zur Hand haben (achten Sie darauf, dass darin keine Nachfermentation ausgelöst wird!), dann möchten Sie jetzt wahrscheinlich erfahren, wie Sie deren wertvollen Inhalt am besten einsetzen. Denn genau wie die Herstellung duldet auch der Einsatz von Pflanzenextrakten kein vages Vorgehen, sondern erfordert präzise Kunstgriffe.

Einige wesentliche Regeln müssen genauestens berücksichtigt werden, um die Früchte Ihrer sorgfältigen und wochenlangen Arbeit nicht aufs Spiel zu setzen. Viele dieser Regeln bauen auf gesundem Menschenverstand auf; so zum Beispiel, dass durstige Pflanzen nicht behandelt werden sollten. Aber die Erfahrung hat gezeigt, dass auch Eindeutiges ruhig angesprochen werden sollte …

Bevor wir jetzt also zu den Behandlungsarten kommen, ist es wichtig, noch einmal darauf einzugehen, warum man sich mit ihnen beschäftigen sollte. Hier sei an unsere Einführung erinnert, vor allem auf den Abschnitt zur neuen Denkweise.

Denn jetzt geht es darum, frühzeitig einzuschreiten, um den Pflanzen die besten Chancen für eine gute Gesundheit zu geben. „Vorausschauend handeln" lautet die Devise.

Wenn Sie Stress für Ihre Pflanzen fürchten, beim Säen, Setzen oder Pflanzen, aber auch nach dem Veredeln, Beschneiden, dem Knospenausbruch oder bei ähnlichen Situationen, dann greifen Sie zur Gartenspritze, um ihnen dabei zu helfen, diese schwierige Phase durchzustehen.

Aber bitte nicht übertreiben, denn zu häufige Behandlungen können sich negativ auswirken („Zu viel ist der Feind des Guten"!). Merken Sie sich als Faustregel für krautige Pflanzen (Gemüse, Blumen, Rasen usw.) je nach Wachstumszustand einen zehn- bis vierzehntägigen Rhythmus für die Behandlung mit Biostimulanzien. Für Holzpflanzen bietet sich eine Frequenz von drei bis vier Behandlungen pro Jahr zu den wichtigen Phasen im Pflanzenleben (Knospenausbruch, Blüte, Fruchtansatz) an.

Es ist jedoch Vorsicht geboten, denn nirgendwo ist die „Ausnahme von der Regel" weiter verbreitet als in der Natur. Und das bedeutet, dass Sie die besten Behandlungspläne erstellen, indem Sie sich auf Ihre eigene sorgfältige Beobachtung stützen.

WIE WIRKEN DIE EXTRAKTE?

B evor wir mit der Zubereitung der Extrakte beginnen, sollten wir uns der Frage nach deren konkreten Nutzen für den Garten stellen. Wie können wir den Pflanzen helfen, sich gegen Aggressionen zu wehren? Hier gibt es bisher mehr Überlegungsansätze als nachgewiesene Fakten. Aber es existiert bereits eine Vorstellung von den Unterschieden zwischen der Wirkungsweise von Pflanzenextrakten (bzw. ihnen ähnlichen konzentrierten natürlichen Molekülen wie Pyrethrin) und synthetisch hergestellten Produkten. Es geht also wirklich um eine neue Art des Eingreifens: das bewusste und aktive Gärtnern!

Pflanzen und Schädlinge leben zusammen

Der Gartenfreund hat gelernt, im Zusammenleben mit den Schädlingen von Zeit zu Zeit aktiv einzugreifen – wie dieses 1854 erfundene Räuchergerät zeigt. Damit konnten die hierzu unter einem merkwürdigen Schirm verborgenen Pflanzen bequem geschwefelt werden.

Zunächst einmal sollten Sie Pflanzen nicht länger als kleine schwache Lebewesen betrachten. Wäre dies der Fall, so wären sie schon lange nicht mehr von dieser Welt. Außerdem sind die meisten Mikroorganismen weder in der Lage, eine Pflanze zu befallen, noch sind sie überhaupt daran interessiert, denn ganz wie der Mensch haben auch Milben, Fadenwürmer und Pilze ihre Vorlieben: Geschmacksrichtungen, die dem einen gefallen und dem anderen nicht, Nährstoffe, die sie brauchen oder ohne die sie auch auskommen können.

Eine sehr lange Geschichte

Außerdem sind die Pflanzen ja nicht erst gestern aufgetaucht, sondern haben sich bereits vor 400 Millionen Jahren (im Silur, ganz am Anfang des Erdaltertums) auf dem Festland ausgebreitet. In weiterer Folge traten die ersten Tiere auf, denn die Wälder des Karbonzeitalters waren von Riesenschaben bevölkert. Ein so langes Zusammenleben hat die parallele Entwicklung gefördert, wie der subtile Vorgang der Bestäubung durch Insekten beweist.

Vor allem eine Abwehrstrategie

Die Pflanzen sind ihren mobilen Schädlingen gegenüber gar nicht so schutzlos, denn sie verfügen über ein ganzes Arsenal an physischen oder chemischen Barrieren und über verschiedene Abwehrmittel, Köder und Giftstoffe. Oft gibt es auch verschiedene Stufen der Verteidigung; das heißt, es werden nacheinander immer neue Mittel eingesetzt.

Diese Schutz- und Abwehrreaktionen werden durch ein Alarmsystem mobilisiert, die von diversen vom Angreifer abgegebenen Substanzen ausgelöst werden. Diese Substanzen gehören ebenfalls zu den zahlreichen Bestandteilen der Pflanzenextrakte. Der Extrakt mobilisiert die Pflanze und macht sie so bereit für den Kampf. Das ist zwar noch kein Zaubertrank, aber wir kommen dem schon näher!

Toleranz neu lernen

Die Moral: Pflanzen leben mit ihren Räubern zusammen, und das ist auch ökonomisch sinnvoll. Die Extrakte verleihen uns die Fähigkeit, schlafende Mechanismen zu erwecken und dabei die vorhandene und wertvolle Fauna zu schützen. Ein echter Doppelschlag!

Warum behandeln?

Angesichts der Menge an aktiven und passiven Abwehrmaßnahmen fragen Sie sich jetzt vielleicht, wie es kommt, dass manche Pflanzen am Ende doch absterben? Das liegt daran, dass bei diesem Wettlauf mit der Zeit die Witterungsverhältnisse eben manchmal den Angreifer begünstigen – vor allem am Ende des Sommers, wenn warme Temperaturen in Verbindung mit Gewittern günstige Voraussetzungen für den Pilzbefall bieten.

Empfindliche Pflanzenarten, die die Fähigkeit verloren haben, den Angreifer zu erkennen oder die ihre Abwehrkräfte zu spät einsetzen, können da überrumpelt werden.

Übrigens werden Pflanzen auch dadurch geschwächt, dass der Mensch sie außerhalb ihres natürlichen Umfelds anbaut.

Vielfältige Wirkweise

Beim Einsatz von Pflanzenextrakten ist nicht unbedingt eine sofortige Wirkung zu erkennen. Unser vorherrschendes Ziel ist es ja auch, dem Garten dabei zu helfen, ein gewisses Gleichgewicht zu erreichen, das weder durch unsere Ernten noch durch die Präsenz von Tieren gestört wird. Diese Harmonie erfordert Geduld – eine Eigenschaft, die der Gärtner von Haus aus mitbringen sollte. „Gut Ding will Weile haben", wie der Volksmund sagt. Aber die Mühe lohnt sich, denn statt einer einzigen konkreten Wirkung kann oft eine allgemeine Verbesserung festgestellt werden.

Die Pflanzen stärken und dabei den Feind abwehren

Pflanzenextrakte sind wahre Molekül-Cocktails, mit denen Parasiten umfassender abgewehrt werden können als mit einem einzigen Molekül, wie es synthetische Schädlingsbekämpfungsmittel verwenden. So bekämpft ein Extrakt aus Duftpflanzen an Johannisbeersträuchern sowie Apfel- und Birnbäumen zwar in erster Linie Insekten; aber gleichzeitig kräftigt es den Strauch bzw. Baum durch im Extrakt vorhandene sekundäre Metaboliten, Spurenelemente oder Vitamine.
Im Folgejahr erscheint der Baum oder Strauch dann gestärkt und erlangt echte Widerstandsfähigkeit – nicht zu vergleichen mit einem Molekülgeschoss, das als Kollateralschaden die Pflanze selbst schwächt und zudem die Feinde ihrer Feinde tötet.
Sind zahlreiche aktive Moleküle vorhanden, so wirken diese gemeinsam und verhindern, dass die Schädlinge resistent werden. Denn es ist gemeinhin bekannt, dass Blattläuse wahre Meister darin sind, Resistenzen gegen chemische Insektenvernichtungsmittel aufzubauen. Zwar stirbt bei der Behandlung ein großer Teil von ihnen, aber die Überlebenden bringen resistente Nachfahren auf die Welt. Deshalb muss nach einigen Jahren ein neues Molekül eingeführt werden. Das ist zwar schön für die Industrie, aber weniger gut für die Natur und den Gartenfreund.

Gewöhnungseffekte werden vermieden

Nichts dergleichen passiert mit Pflanzenextrakten: Brennnesselaufgüsse töten auch nach zehn Jahren noch genauso viele Milben wie beim ersten Mal. Als ob diese immer wieder aufs Neue überrascht würden. Dabei geht es ja auch nicht darum, sämtliche Schädlingspopulationen zu vernichten, sondern diese auf einem akzeptablen Niveau zu halten. Denn auch für die Nutzfauna soll noch etwas zum Fressen übrig bleiben!

Stimulierende Extrakte sind also so früh wie möglich und präventiv einzubringen; die Pflanze heilende Extrakte sollten dagegen erst dann eingesetzt werden, wenn die Präsenz des Schädlings tatsächlich beobachtet wurde. Damit wird die Logik der herkömmlichen Heilmittel umgekehrt, geht es doch wie in der chinesischen Medizin auch beim Einsatz von Pflanzenextrakten vor allem darum, gar nicht erst krank zu werden.

Unter der Lupe

Oft werden Sie nach einer Behandlung mit insektiziden Extrakten unter der Lupe keine toten Schädlinge entdecken können. Aber dennoch hat das Mittel gewirkt. So blockiert zum Beispiel Farnextrakt bei Apfelblattläusen die Eiablage, stoppt die Entwicklung der Blattläuse in einem gewissen Stadium oder führt zum Auftreten von geflügelten Exemplaren, die weit weg zu anderen pflanzlichen Wirten fliegen wie etwa dem Wegerich. Die Bedrohung wurde also umgeleitet.

Eine neue Einstellung

Dennoch sollten Pflanzenextrakte nicht als Zaubermittel angesehen werden. Das wäre auch nicht gut für ihr Ansehen. So wurde zum Beispiel noch keine Lösung für den Feuerbrand gefunden, obwohl gewisse ätherische Öle hier Forschungsansätze bieten. Das Gleiche gilt für die Bekämpfung von Wühlmäusen und Nacktschnecken. Vor allem für Letztere existieren bisher nur zeitlich und räumlich begrenzte Abwehrmittel.

Im Folgenden werden die Grundprinzipien aufgeführt, die Sie beim Einsatz von Pflanzenextrakten berücksichtigen sollten.

Regulieren

Es wird vor allem die Regulierung der Schädlingsbestände und weniger deren Auslöschung angestrebt. Die Bedrohung wird also reduziert und nicht völlig abgestellt. Denken Sie immer daran, dass jeder Schädling Teil einer Nahrungskette ist, die auch in Ihrem Sinne wirkt. So ist zum Beispiel noch nie ein Marienkäfer in den Hungerstreik getreten!

Im Frühling sollten Sie sich Ihren Garten in Ruhe und genau ansehen. Wenn die Zweigenden von Kirschbaum oder Rosenstrauch unbeschädigt sind und nur vereinzelt Blattläuse aufweisen, dann wird eine einfache Behandlung mit Farnextrakt ausreichen, um diese für ihre Empfindlichkeit bekannten Pflanzen zu stärken. Ist ein größerer Befall zu beobachten, so kann zu einem stärkeren Mittel wie Knoblauchextrakt übergegangen werden.

Das Gleiche gilt für Krankheiten, die durch Pilze ausgelöst werden. Denn ob es Ihnen recht ist oder nicht, die Pilze haben ihren Platz in der Natur und genau wie unsere Haut und unsere Haare sind auch die Blätter der Pflanzen mit Sporen bedeckt. Der Traum von einem völlig sterilen Garten ist eine wahnsinnige Idee, der man wirklich nicht verfallen sollte.

Die Ratschläge, die im konventionellen Gartenbau zur präventiven und systematischen Pflanzenbehandlung erteilt werden, entbehren jeglicher Vernunft. Wenn Sie nicht zwanzig Mal hintereinander behandeln wollen, werden Sie den Schädlingsdruck nicht senken können. Also können Sie es gleich sein lassen! Denn damit wird nicht nur die Pflanze geschwächt, sondern auch die Umwelt stark gestört. Auch offizielle Experten gehen davon aus, dass nur knapp ein Prozent der Mittel wirklich ihr Ziel erreicht. Der Rest verliert sich in der Natur … und wird in Spuren noch am Nordpol wiedergefunden!

Stärken

Ziel ist es also, die natürlichen Abwehrkräfte zu stärken. Manchmal können diese nicht wirken, da es der Pflanze vorübergehend an Enzymen oder Nährstoffen mangelt, weil der karge Boden zu arm an Mineralstoffen ist oder weil kalte Temperaturen den Austausch verhindern. Manchmal kommt die Pflanze auch deshalb nicht klar, weil sie in einer Umwelt wächst, die ihr nicht entspricht. Dann sendet sie ein „SOS" aus, über das sich der Gärtner beklagt.

In solchen Fällen können Pflanzenextrakte nur rein palliativ wirken. Früher oder später sollte man sich einfach Gedanken darüber machen, in welchen Gegenden es wirklich Sinn ergibt, empfindliche Pflanzen wie Rhododendron oder Bougainvillea anzupflanzen.

Das sollten Sie unbedingt berücksichtigen

Es könnte die Versuchung aufkommen, Extrakte aus heilenden und aus stimulierenden Pflanzen zu einem „Allheilmittel" zu mischen. Dabei aber wird vergessen, dass eine kranke Pflanze nach einer Behandlung vorübergehend mit Nachwirkungen zu kämpfen hat und dann nicht in der Lage ist, Mineralstoffe aufzunehmen. Stimulierende Mittel wären in dieser Situation folglich nutzlos. Aber wenige Tage später können sie ihre ganze Wirkung entfalten. Also erst heilen, dann nähren!

Schützen

Wichtig ist, sich Zeit zu lassen, vor allem bei der Arbeit mit Bäumen. Denn hier kann die Verstärkung der Abwehrkräfte mehrere Jahre notwendig sein.

So litt ein Kastanienbaum, dessen Wurzeln durch Erdaufschüttungen in Atemnot geraten waren, schwer an einem lebensbedrohlichen Pilzbefall, darunter vor allem Kastanienrindenkrebs. Eingespritzte und aufgesprühte Pflanzenextrakte sowie eine Bodenverbesserung durch Wurmkompost führten hier zu einer deutlichen Erholung … allerdings erst nach vier Jahren.

Vergessen Sie nicht, welch große Masse so ein Baum hat und zu welcher Trägheit diese unausweichlich führt.

Bei einjährigen oder mehrjährigen Pflanzen, Gemüse oder Sträuchern sind die Reaktionszeiträume natürlich viel kürzer – zum Glück! Generell kann gesagt werden, dass bei Problemen, deren Ursprung im Boden liegt, die Heilung mehr Zeit erfordert.

Mit eigenen Ressourcen auskommen

Jeder sollte versuchen, mit dem zurechtzukommen, was er zur Hand hat. Wie kann man eigentlich ernsthaft davon ausgehen, dass Pflanzen oder Extrakte vom anderen Ende der Welt, die zudem in konzentrierter Form eingesetzt werden, für Gleichgewicht im Garten sorgen können?

Wissen Sie eigentlich, wie beispielsweise die Pflanzen angebaut und geerntet werden, aus denen Rotenon gewonnen wird? Kann uns wirklich daran gelegen sein, auf Pflanzen zu setzen, die in den Entwicklungsländern zu Billigprei-

Die grüne Apotheke

Um den am meisten verbreiteten Angriffen begegnen und Pflanzen im Bedarfsfall stimulieren zu können, ist es wichtig, die Nutzpflanzen im rechten Moment zur Verfügung zu haben. Daher bietet es sich an, diese in einer Ecke Ihres Gartens anzusiedeln. Viele, wie die Brennnessel, werden auch ganz von alleine kommen.

In unserem Pflanzenregister finden Sie die nötigen Informationen zum Aufbau Ihrer langfristigen Strategie: pflanzen, ernten, vielleicht trocknen, stabilisieren, lagern usw. Dazu benötigen Sie nur wenige Pflanzen, darunter viele Zierpflanzen, die zur Artenvielfalt beitragen und Schmetterlinge anziehen oder Bienen ernähren.

Wenn Sie vorsichtig und besonnen vorgehen, können Sie sich diese natürlich auch aus der Natur holen.

sen angebaut werden und dort die für die Ernährung der Bevölkerung benötigten Kulturen verdrängen? Zedrachbaum (Neem) und Quassia sind zwar höchst effizient und Pflanzen aus warmen Klimazonen enthalten Unmengen an Alkaloiden, aber deshalb brauchen wir noch lange nicht die Ressourcen aus unserer eigenen Umgebung zu vernachlässigen.

So würden wir die Hand dafür ins Feuer legen, dass zukünftige Untersuchungen die positiven Eigenschaften von gemeinen Pflanzen wie Efeu, Eibe oder Buchsbaum beweisen werden, die bereits in alten Handbüchern behandelt wurden.

Wer Pflanzenextrakte zubereitet und einsetzt, dem öffnet sich bald der Zugang zum Universum des Experimentierens. Ihre Neugier wird sich an den zahlreichen Beobachtungen weiden, die Sie in Ihrem Garten und in der Natur machen werden – und Sie werden Ihre eigenen Rezepturen und Tricks erarbeiten.

Stellen Sie sich nur einmal vor, zu welchem Ruhm Sie gelangen werden, wenn Sie ein Mittel gegen Nacktschnecken oder Maulwürfe gefunden haben!

Gemüse- und Weinbauern, die mit Pflanzenextrakten arbeiten, konnten die Dosierung ihrer üblichen Behandlungen ganz entscheidend reduzieren, auch im konventionellen Anbau. So verlieren zum Beispiel gängige Kupferpräparate nichts von ihrer Effizienz, wenn sie zehnfach mit Brennnesselextrakt verdünnt werden!

Die Vorzüge der Extrakte

Pflanzenextrakte können ohne Probleme auch in der Stadt eingesetzt werden. Dies sei vor allem angesichts der städtischen Gartenkräfte gesagt, die mit Tschernobyl-würdigen Schutzanzügen mit der Gartenspritze an Orten unterwegs sind, an denen andere ihren Nachwuchs im Kinderwagen spazieren fahren …

Wenn Pflanzenextrakte zu Unsicherheit führen, dann doch vor allem deshalb, weil ihre Anwendung eine Abkehr von der gewohnten Vorgehensweise „Problem – Befragung eines Spezialisten – Abhilfe" erfordert. Und weil es schwerfällt, zuzugeben, dass eine hausgemachte Paste aus Beinwell das Problem besser löst als das Antibiotikum aus der Apotheke. Dabei gibt es wirklich eine lange Liste von Vorteilen, die im Folgenden aufgeführt werden.

Die Extrakte sind kostengünstig

Die Grundausstattung ist einfach und kann nach und nach ergänzt werden. Nur wenig verbreitete Pflanzen müssen gekauft werden, aber ein Kilo getrockneter Schachtelhalm kostet sehr wenig und sorgt ein Jahr für Ruhe.

Die Zubereitung macht Spaß

Beim Erlernen der verschiedenen Techniken und beim Beobachten ihrer Effekte fühlt man sich ein bisschen wie in einer Hexenküche … ganz anders als bei der langweiligen Lektüre von Dosierungen und Vorsichtsmaßnahmen von synthetischen oder natürlichen Pestiziden. Und der Einsatz von Rotenon ist wirklich nicht zu empfehlen, denn eine derartige Schocktherapie bringt unausweichlich den Garten durcheinander.

Auch für Kinder zugänglich

Das ist beim Spritzen im Garten eigentlich völlig unüblich. Aber beim Arbeiten mit Extrakten gibt es viel zu lernen. So setzt das Sammeln von Pflanzen voraus, dass man diese erkennt; folglich ist das Sammeln eine wunderbare Botanikstunde. Danach ist die Chemie an der Reihe, wenn bei der Zubereitung der Brühen der pH-Wert des Wassers reduziert werden muss. Beim Warten erlernt man Geduld. Und schließlich wird gespritzt – vielleicht mit einer Gartenspritze in Kindergröße –, wobei die Tierchen gezielt behandelt werden, das ist praktische Insektenkunde.

Wild wachsende Pflanzen machen sich nützlich

… und sollten nicht geringschätzig als Unkraut behandelt werden; zu diesen Pflanzen gehören: Brennnessel, Schachtelhalm, Löwenzahn, Beinwell, Echtes Mädesüß, Adlerfarn, Ampfer, Rainfarn, Schafgarbe, Klette usw.

Dass diese spontanen Pflanzen so vital wuchern, ist absolut kein Zufall, denn sie sind in der Lage, Spurenelemente aus dem Boden zu gewinnen.

Und diese machen Sie über die Extrakte anderen – diesbezüglich weniger befähigten – Pflanzen zunutze.

Organisation ist alles

Den Pflanzenextrakten muss man Zeit widmen, vor allem für die Zubereitung. Dabei zeigt die Erfahrung, dass das Problem nicht der Zeitaufwand an sich ist – kaum mehr als einige Minuten –, sondern die Notwendigkeit, daran zu denken und die Zeit einzuplanen.

So spielt sich der Übergang zu Pflanzenextrakten also zunächst einmal im Kopf ab. Hat man sich dann erst einmal von ihren Vorteilen überzeugt, wird die Sache zum Selbstläufer.

Und haben Sie sich schon einmal überlegt, wie viel Zeit Sie benötigen, um konventionelle Mittel im Geschäft zu kaufen (und jetzt sagen Sie bitte nicht, das macht Ihnen Spaß!), die Gartenspritze zu reinigen … und das Geld zu verdienen, das die Mittel Sie kosten? Eine interessante Rechnung, oder?

Echte Solidarität im Garten! Ein neues Konzept der Unkrautvernichtung, das auf respektvollem Miteinander anstatt auf einseitiger Vernichtung aufbaut.

Keine brutale Behandlung der Pflanzen

Über die Pflanzenextrakte werden raffinierte und komplexe Substanzen eingebracht, die in Kulturböden oft fehlen. Allerdings geschieht dies nur in verdünnter Form. Wo die klassische Landwirtschaft durch konzentrierte Anwendung weniger Wirkstoffe nach sofortiger Effizienz strebt, werden hier sämtliche verfügbaren Pflanzen eingesetzt. Ein Konzept, das der Phytotherapie sehr ähnlich kommt.

Ein fermentierter Brennnesselextrakt, der beim Angießen auf ein Tomatenpflänzchen angewendet wird, ernährt dieses zunächst einmal wie ein ganz normales Bodenverbesserungsmittel. Danach aber wirkt er wie ein natürliches Antibiotikum, das schädliche Bakterien aus dem Boden entfernt und dabei Substanzen – die Botenstoffe – abgibt, die von den Wurzeln erkannt werden und die Abwehrmechanismen stärken. Anschließend produziert die Pflanze Phytolektin, das ihre Widerstandskraft steigert. Damit wird das Auftreten von falschem Mehltau verzögert und abgeschwächt.

Dass fermentierte Extrakte diese Funktion erfüllen können, ist der Unmenge an Molekülen zu verdanken, die sie enthalten, darunter auch Pflanzenhormone. Mit dieser Leistung können nur Algenextrakte mithalten; wir leben aber nicht alle in Meeresnähe und zudem begünstigt deren wiederholte Anwendung das Auftreten von Blattläusen.

Die Extrakte sind zu hundert Prozent biologisch abbaubar

Sie hinterlassen keine Rückstände und stellen so kein Risiko für das Grundwasser dar. Das kann von kommerziellen Produkten nicht gerade behauptet werden, denn deren Entwicklung ist nicht immer bekannt – ganz zu schweigen von ihren Zusatzmitteln, die nur höchst selten in der Beschriftung genannt werden.

Die Eigenschaft, biologisch abbaubar zu sein, hat zweierlei Konsequenzen:
- Teilweise muss schon bald erneut behandelt werden. So zum Beispiel, wenn Rainfarn, Wermutkraut, Rhabarber oder Holunder als Abwehrmittel eingesetzt werden. Allerdings gilt dieser Rat auch für handelsübliche Mittel gegen Milben oder Schildläuse und diese haben ganz andere Auswirkungen auf die Umwelt.
- Obst und Gemüse können direkt nach dem Pflücken aus dem Gemüsebeet oder vom Baum verzehrt werden – sehr zur Freude des Gärtners! Und seien Sie beruhigt, der starke Geruch mancher Extrakte haftet den Früchten nicht an – es sei denn, sie werden erst im letzten Moment oder in übertrieben hoher Dosierung behandelt. Beides indes lässt sich leicht vermeiden.

Auch die Anwendung von Pflanzenextrakten im Gewächshaus oder auf der Terrasse ist völlig unbedenklich und ohne Gefahr für Haustiere möglich.

WICHTIG!
Achten Sie trotzdem darauf, hierfür nur die halbe Extraktmenge anzuwenden, denn durch die Konzentration in engen Räumen oder bei warmen Temperaturen können Verbrennungen auftreten.

SO GELINGEN DIE EXTRAKTE

In diesem Kapitel werden wir uns genauer mit der Zubereitung der verschiedenen Pflanzenextrakte beschäftigen. Die geschilderten Abläufe wurden in jahrelanger Arbeit von Spezialisten aufgestellt und getestet. Sie können sofort gute Ergebnisse erreichen, indem Sie sich auf deren Erfahrung stützen, statt sich erst selbst an das richtige Vorgehen heranzutasten. Was Sie natürlich nicht davon abhalten soll, Ihre eigenen Experimente durchzuführen, sobald Sie sich die Grundlagen angeeignet haben.

Die fermentierten Pflanzenextrakte verdienen dabei einen Ehrenplatz, da sie die wohl interessanteste Klasse von pflanzenbasierten Schutzmitteln bilden. Denn in ihrem Fall werden die Pflanzen selbst und ihre Bestandteile durch die Aktion von Bakterien und zahlreichen Enzymen unterstützt. Die Fermentation ist wirklich ein außergewöhnliches Phänomen. So ist der Unterschied zwischen einer Pflanze und ihrem fermentierten Extrakt vergleichbar mit dem zwischen Getreideflocken und Brot oder zwischen Milch und Käse. Alle sind hervorragend, aber in verschiedener Hinsicht. Und nur fermentierte Extrakte wirken stimulierend, verstärken die Abwehrkräfte und haben eine direkte und häufig auch Insekten abschreckende Wirkung.

Fermentierte Extrakte
Welches Wasser sollte eingesetzt werden?

Die Wasserqualität ist für den Erfolg der Behandlung absolut wichtig. Am besten, Sie fangen Regenwasser in einer Tonne auf.

Pflanzenextrakte sind das Ergebnis des spontanen und kontrollierten Fermentationsprozesses von Pflanzenfragmenten in Wasser. Es geht hier also keinesfalls darum, die Zubereitungen in Eimern sich selbst zu überlassen, denn eine derart nachlässige Behandlung würde zu viel Ausschuss produzieren.

Regenwasser

Am besten verwendet man Regenwasser (15 bis 35 °C). Im Winter sollten Sie daran denken, das Wasser in einem Raum anzuwärmen. Bei Temperaturen über 35 °C treten jedoch ungewollte enzymatische Abbauprozesse ein. Zum Auffangen von Regenwasser reicht eine am unteren Ende der Regenrinne aufgestellte Tonne. Aber bitte keine verrosteten Metallbehälter verwenden. Manchmal weist das Wasser Spuren von kalkhaltigen Stoffen auf oder von Asbest, wenn das Dach aus Asbestzementplatten besteht. Außerdem ist das Regenwasser je nach Region mehr oder weniger sauer. Bis zu einem pH-Wert von 5 ist dies nicht beunruhigend. Liegt der Wert darunter, so sollten Sie mit etwas Holzasche korrigierend eingreifen.

Leitungswasser

In Städten übliches Leitungswasser birgt einige Nachteile, vor allem aufgrund seines hohen Chlor- und Kalkgehalts. Hier sollten Sie einen Blick auf die von Ihrem Wasserversorger bereitgestellten Analysewerte werfen. Chlor ist ein starkes Oxidationsmittel, dessen Aufgabe es ist, das Wasser auf seinem Weg bis zum Wasserhahn zu desinfizieren. Auf die Extrakte wirkt es sich negativ aus, da es der Tätigkeit der Bakterien entgegenwirkt.

Dem kann einfach Abhilfe geleistet werden, indem Sie das Wasser in einem sehr breiten Wassereimer zwei bis vier Tage (je nach Chlorgehalt) an der freien Luft stehen lassen und von Zeit zu Zeit umrühren.

Das Kalkproblem

Kalk verstopft die Spaltöffnungen der Blätter und verhindert deren stimulierende Wirkung. Zudem verändert Kalk den pH-Wert (zur Messung des Säuregrads mit einem pH-Messgerät siehe S. 36). Für Werte über 7 empfiehlt der französische Bodenökologe und Naturheilkundler Michel Barbaud die Zufügung von handelsüblichem Alkoholessig: Mit einem Viertelliter Essig auf 30 Liter Wasser kann dessen pH-Wert um eine Einheit gesenkt werden.

Was ist mit Brunnenwasser?

Brunnen- oder Quellwasser ist oft kalkhaltig und stickstoffbelastet. Wenn die Analyse des Wassers einen Wert hervorbringt, der es als Trinkwasser ungeeignet macht, dann sollten Sie es auch nicht für Ihre Extrakte verwenden, sondern lieber Ihre Pflanzen damit gießen.

Grundlegende Informationen

So stellen Sie erfolgreich fermentierte Pflanzenextrakte her:
- Verwenden Sie kalkfreies Wasser, am besten Regenwasser.
- Große Extraktmengen gelingen leichter als kleine „Pröbchen".
- Die Zubereitung muss mindestens einmal am Tag umgerührt werden.
- Dabei sollte überprüft werden, ob auf dem Wasser noch eine Schicht aufsteigender Bläschen zu sehen ist, denn diese zeigen an, dass die Fermentation noch nicht abgeschlossen ist.
- Den Extrakt entnehmen und filtern oder aber gleich verwenden.
- In einem Keller oder Vorratsraum aufbewahren.

Die Wahl der Behälter

U m die Pflanzen gut ins Wasser eintauchen zu können, benutzen Sie am besten einen übergroßen Behälter (15 Liter zur Zubereitung von 10 Liter Extrakt), der höher als breit ist. Gehen Sie das Ganze ruhig großzügig an, denn der fertige Extrakt lässt sich gut lagern. Bei einer großen Brennnesselmenge beispielsweise ist ein solider und dickwandiger 30-Liter-Mülleimer besser geeignet als drei 10-Liter-Eimer.

Lieber Plastik als Holz

Die Erfahrung hat gezeigt, dass Holzkübel zu schwer und nicht dicht genug sind. Wenn sie zwischen zwei Einsätzen trocknen, entstehen Leckstellen. Das Holz von neuen Kübeln gibt Gerbstoffe an die Zubereitung ab und ehemalige Weinfässer können Schadstoffe enthalten. Auch Metallbehälter sollten nicht verwendet werden, es sei denn, sie sind aus Edelstahl wie etwa für den Imkerbedarf, aber solche sind teuer (wenn man sie nicht gebraucht findet).

Eine Frage des Volumens

Jean-Claude Chevalard hat festgestellt, dass der Einsatz von großvolumigen Behältern das Risiko eines Fermentationsabbruchs verringert. Dies gilt insbesondere dann, wenn es nachts sehr kalt wird, denn größere Massen haben eine höhere thermische Trägheit. Er empfiehlt Mülleimer oder Bottiche mit einem Fassungsvermögen von mindestens 50, idealerweise von 200 Litern. Er selbst verwendet Edelstahlfässer, die fast 6.000 Liter fassen!

Die richtige Pflanzenmenge

D er Behälter wird zu drei Vierteln mit frisch mit der Hecken- oder Gartenschere zerschnittenen Pflanzen gefüllt. Manche geben die Pflanzen auch erst in den Behälter und schneiden sie darin klein. Ziel des Zerkleinerns ist es, Wirkstoffe zu gewinnen, indem die Aromazellen oder Vakuolen, die gewisse sekundäre Metaboliten erhalten, zum Zerplatzen gebracht werden. Dieser Vorgang ist absolut wichtig bei der Gewinnung von Extrakten aus zähen Pflanzen wie Holunder, Farn, Wermutkraut, Salbei, Rhabarber, Lavendel usw.

Man verwendet ungefähr ein Kilogramm frische Pflanzen auf 10 Liter Wasser, manchmal auch weniger. Bei Verwendung von getrockneten Pflanzen liegt die Dosis je nach Art bei 100 oder 200 Gramm (Genaueres hierzu in nachstehendem Pflanzenregister).

Frisch oder getrocknet

Werden Pflanzen getrocknet, so stehen sie auch außerhalb der Erntesaison zur Verfügung (vor allem Schachtelhalm und Farn, die am Frühlingsanfang nützlich sind) oder dann, wenn man bei einem dringenden Problem keine Zeit hat, sich zum Sammeln in die Natur zu begeben.

Dennoch sollten die Extrakte bevorzugt aus frischen Pflanzen zubereitet werden, denn diese greifen stärker in das Pflanzenwachstum ein als Extrakte aus getrockneten Pflanzen.

Beim Versprühen eines aus frischen Pflanzen hergestellten Extraktes werden die Effekte der drei dynamischen Zustände des Wassers (nach Dr. Luu) weitergegeben: Wasser als steigender und sinkender Pflanzensaft, Wasser in den Zellverbindungen und Wasser in gasförmigem Zustand. Extrakte aus getrockneten Pflanzen sind weniger effizient, da die drei Zustände hier nicht übergeben werden.

Nicht zuletzt gestaltet sich die Zubereitung von Extrakten aus frisch geernteten Pflanzen einfacher.

Vincent Mazière (mehr zu seiner Person auf S. 101) rät dazu, die empfohlene Brennnesselmenge auf keinen Fall zu überschreiten und empfiehlt sogar eher 800 g statt ein 1 kg auf 10 l Wasser.

Dieser Meinung ist auch Jean-Claude Chevalard, dessen Erfahrung gezeigt hat, dass mit höherer Dosierung erhaltene Extrakte weder konzentrierter sind noch eine bessere Leistung erzielen.

Den Fermentationsprozess kontrollieren

Einen speziellen Platz für die Zubereitung der Pflanzenextrakte vorzusehen und einzurichten, kann sich stark motivierend auswirken. Im Idealfall befindet sich dieser in der Nähe einer Wasserquelle und hat Regale, auf denen das benötigte Material gelagert wird. Damit kann viel Zeit gespart werden. So sparen Sie Energie und können sich in Ruhe und nach allen Regeln der Kunst auf das Wesentliche konzentrieren.

Sind die Pflanzen ins Wasser eingetaucht, so muss dieses unbedingt mit einem auf der Oberfläche schwimmenden Deckel mit einem Loch in der Mitte abgedeckt werden. So können Gase entweichen und die Fermentation kann in einem reduziert-sauren Milieu so rasch wie möglich eintreten – zwei entscheidende Faktoren für die Pflanzengesundheit. Viele Extrakte gehen einen alkalisch-oxidierten Zustand ein. Dann fördern sie zwar auch das Pflanzenwachstum, ziehen mit ihrem alkalisch-oxidierten Milieu aber Schädlinge an.

Wer noch relativ unerfahren in der Zubereitung von Extrakten ist, sollte die Fermentation sehr sorgfältig überwachen, auch dann, wenn sie spontan einsetzt. Anschließend wird es ihm immer leichter fallen, kritische Zustände zu bemerken. Gleich zu Beginn eine Faustregel: Je höher die Temperatur, desto schneller gärt der Extrakt. Das kann zwischen 5 und 30 Tage dauern! Im Durchschnitt ist ein Brennnesselextrakt bei 18–20 °C in weniger als zwei Wochen fertig.

Drinnen oder draußen?

Perfekt geeignet ist ein alter Vorratsraum oder eine einfache Garage. Im Keller ist es manchmal zu kalt und auf dem Dachboden zu warm. Hilfreich ist ein Deckel, der auf den Behälter gelegt wird, aber nicht völlig dicht sein sollte. Hat man keinen Deckel zur Verfügung, so tut es auch ein Seihtuch oder ein alter Jutesack.

Michel Barbaud empfiehlt für die Fermentation einen lichtgeschützten Raum. Bei warmen Temperaturen entnimmt er den Extrakt nach nur vier Tagen, filtert ihn und bewahrt diesen in angesäuertem Zustand in einem geschlossenen Fass auf.

Auch getrocknete Pflanzen eignen sich für die Extrakte

Jean-Claude Chevalard verarbeitet ausschließlich von ihm selbst getrocknete Pflanzen. So kann er die Dosierung leichter kontrollieren und eine regelmäßige Fermentation erhalten. Aus dem gleichen Grund arbeitet er auch in einer großen Halle und nicht an der frischen Luft.

Während des Fermentationsprozesses rührt er seine Zubereitungen täglich um. Dabei beobachtet er aufsteigende Bläschen, denn sie verheißen Gutes! Wenn keine Bläschen (ein feiner Schaum, nicht zu verwechseln mit den großen Blasen, die beim Umrühren entstehen) mehr aufsteigen, dann ist es an der Zeit, die Flüssigkeit aus dem Behälter zu nehmen und zu filtern, um eine weitere Fermentation zu verhindern. Er füllt die Extrakte ohne Luftzutritt dann sofort in Kanister ab.

Der Fall Lippenblütler

Die Familie der Lippenblütler ist sehr reich an wertvollen Substanzen, die auch in der Medizin geschätzt werden. Zu ihr gehören Salbei, Lavendel, Rosmarin, Thymian, Minze und Zitronenmelisse – um nur die bekanntesten zu nennen.

In der Schweiz werden derzeit Versuche mit fermentierten Extrakten aus diesen Pflanzen durchgeführt. Dabei scheint es, dass Salbei gegen Kraut- und Knollenfäule bei Kartoffeln wirkt. Achten Sie aber darauf, Lippenblütler nicht mit anderen im Fermentationsprozess befindlichen Pflanzen zu mischen, da dies den Prozess unterbrechen könnte.

Generell wird davon abgeraten, verschiedene Pflanzenarten vor der Fermentation zu mischen. Auch professionelle Extrakthersteller vermeiden dies.

Bei ausbleibender Fermentation

Manchmal setzt der Fermentationsprozess im Bottich nicht spontan ein. Vincent Mazière ist aufgefallen, dass dies vor allem bei bedecktem Himmel und kaltem Wetter geschieht. Er stellt seine Extrakte deshalb draußen her und nutzt dabei die Sonnenstrahlung zur Erwärmung der Fässer. Dafür hat er einen Platz in der Nähe des Gebäudes, in dem er die gefilterten Extrakte lagert.

Das richtige Stadium … und die Gerüche

Die Fermentation kontrollieren Sie, indem Sie den Extrakt jeden Tag mehrere Minuten umrühren. Dies wirkt sich positiv sowohl auf die Homogenität der Extrakte als auch auf das Nervenkostüm des Zubereiters aus! Überprüfen Sie dabei immer, ob eine Schicht kleiner Bläschen vom Boden aufsteigt. Diese sind, wie bereits erwähnt, nicht mit gewöhnlichen Luftblasen zu verwechseln, die alleine durch das Umrühren entstehen. Wenn diese sprudelartigen Bläschen beim Umrühren nicht mehr aufsteigen, ist die Fermentation abgeschlossen. Jetzt haben Sie höchstens zwei Tage Zeit, den Extrakt zu entnehmen und entweder gleich zu benutzen oder einzulagern. Sollte es gerade sehr heiß sein, dann warten Sie nicht so lange und verwenden den Extrakt gleich, bevor er zu faulen beginnt.

Der Großteil des Fermentationsprozesses muss in einem geschlossenen Milieu (abgesehen vom Loch für die Gasentweichung) und ausschließlich mit dem endogen vorhandenen Sauerstoff geschehen. Mit wachsender Erfahrung werden Sie mehr und mehr auf die Kontrolle der Fermentation durch Umrühren verzichten können. Ziel wird es dann sein, einen fermentierten Extrakt in einem sauer-reduzierten Milieu zu gewinnen (Pflanzengesundheit). Hierfür können Sie, wie schon oben erwähnt, einen schwimmenden Deckel mit einem Loch in der Mitte zur Gasentweichung auf die Flüssigkeit legen.

Zwei Tricks zur Reduzierung von unangenehmen Gerüchen

Pflanzenextrakte sind mehr oder weniger übel riechend. Diese Unannehmlichkeit können Sie durch Zugabe von Engelwurzblättern stark einschränken (1 Handvoll pro 10 l Wasser nach vier oder fünf Fermentationstagen – nicht früher, da vorher keine Gerüche auftreten). Den gleichen Effekt erzielen Sie mit Echtem Salbei und mit Basaltmehl (bei Gartenbauanbietern erhältlich, 1 kleine Handvoll auf 10 l), auch hier erst nach vier bis fünf Tagen. Für Michel Barbaud sollten die fermentierten Extrakte einen neutralen und keinen abstoßenden Geruch haben. Zum Einmaischen wählt er eine abnehmende oder – noch lieber – zunehmende Mondphase (zwischen Neumond und Halbmond). Seiner Meinung nach ist besonders darauf zu achten, dass kein Chlorophyll zerfällt. Vier oder fünf Tage Mazerationszeit sind ausreichend.

Es ist schwierig, einen Ort zu finden, der sich ebenso gut zum Lagern wie zum Trocknen von Pflanzen eignet. Eine im Schatten unter einem Vordach aufgehängte Wäscheleine eignet sich aber beispielsweise gut, um zu Garben gebundene Pflanzen kopfüber zum Trocknen aufzuhängen.

Auch Chemie ist nicht geruchlos

Obwohl sich natürlich niemand gern mit Brennnesselextrakt parfümieren möchte, ist doch festzustellen, dass dessen mit dem Urin einer gesunden Kuh vergleichbarer Geruch wirklich nichts Abstoßendes hat. Vorausgesetzt auch hier, der Fermentationsprozess wird im rechten Moment abgebrochen.

Man kann nicht gerade behaupten, dass dies auch für chemische Syntheseprodukte gilt, die oft wirklich zum Himmel stinken.

Unser Geruchssinn ist sensibel: Flüchtige Stoffe fixieren sich auf elektrostatische Weise an Staubpartikeln in der Luft oder an mikroskopisch kleinen Sprühnebeltröpfchen und werden damit weiterverteilt.

Grösste Sorgfalt beim Filtern

Nach Abschluss des Fermentationsprozesses – zu erkennen am Fehlen der aufsteigenden Bläschen beim Umrühren – muss der Extrakt unbedingt gefiltert werden. Ansonsten besteht, wie erwähnt, die Gefahr, dass er beim Sprühen die Düsen verstopft oder gar nicht mit einem feinen Aufsatz gespritzt werden kann.

Manche benutzen hierzu zwei übereinandergelegte Plastiksiebe, andere ein einfaches Küchensieb. Man kann sich auch mit einem alten Bettlaken, das mit Wäscheklammern an einem Rahmen befestigt wird, oder mit einem alten T-Shirt oder abgenutztem Badehandtuch behelfen. Nicht verwenden sollten Sie Kaffeefilter, denn diese verstopfen sofort.

Aber Vorsicht: Tests haben gezeigt, dass ein zu fein gefilterter Extrakt an Wirksamkeit verliert.

Zwei Erfahrungen aus der Praxis

ANNIE-JEANNE BERTRAND legt die Pflanzen in einem Kartoffelnetz ins Wasser, so kann sie sie leichter wieder herausnehmen. Der erhaltene ungefilterte Extrakt kann problemlos zum Gießen verwendet werden.

Zum Versprühen filtert sie den Extrakt durch ein feines Küchensieb. Hierbei bitte Handschuhe anziehen, denn der Geruch kann sich lange auf der Haut festsetzen. Sie geht davon aus, dass ein paar Tropfen ätherisches Öl (Lavendel oder Minze) den Geruch entfernen könnten, fühlt sich selbst davon aber nicht gestört.

Annie-Jeanne Bertrand empfängt den ganzen Sommer hindurch Besucher in ihrem Garten. Das hindert sie aber nicht daran, früh am Morgen zu sprühen, denn bereits nach wenigen Minuten hat sich der Geruch völlig verflüchtigt.

Ihr ist auch aufgefallen, dass sich Extrakte von Beinwell, Schachtelhalm und Farn leichter filtern lassen als Brennnesselextrakt.

VINCENT MAZIÈRE filtert durch eine ganze Reihe von aufeinandergestellten und immer feineren Sieben, die perfekt auf seine Mülleimer passen. Die Siebe wurden von einem Hersteller in seiner Gegend für ihn nach Maß angefertigt.

Nach dem ersten Filtern lässt er den Extrakt einen oder zwei Tage lang klären, bevor er ihn noch einmal siebt. Hierfür benutzt er ein noch feineres Sieb und erhält so einen Extrakt, der die Düsen der Gartenspritze nicht verstopft.

Lagerung

Das Filtern dient der Stabilisierung des Extrakts, der so einige Zeit aufbewahrt werden kann. Ansonsten könnte durch verbliebene Reststoffe ein erneuter Fermentationsprozess ausgelöst werden. Feste bzw. zuvor feste Rückstände können auf den Komposthaufen geworfen werden. Nach dem Filtern wird der Extrakt in einem geschlossenen Behälter aus Edelstahl oder Plastik aufbewahrt. Ideal dafür sind Fünf-Liter-Weinkanister. Auch bei der Lagerung kann dem Beispiel des Weins gefolgt werden: am besten in einem lichtgeschützten Keller bei zirka 12 °C. Und denken Sie daran, die Kanister sorgfältig zu beschriften!

Annie-Jeanne Bertrand hebt ihre gefilterten Extrakte teilweise bis ins Folgejahr auf. Dabei passiert es manchmal, dass ein Extrakt erneut fermentiert, was am ausgebeulten Kanister zu erkennen ist. In diesem Fall öffnet sie den Kanister kurz, um Gas entweichen zu lassen und verschließt ihn dann wieder. Alte Extrakte dosiert sie nach Gefühl ein wenig höher als junge.

Haltbarkeit

Manchmal kommt es vor, dass in den eingelagerten Kanistern ein erneuter Fermentationsprozess in Gang kommt. Vincent Mazière ist dies auch mit ganz klar gefilterten Extrakten passiert. Daher empfiehlt er, die fermentierten Extrakte in Kanistern aus dehnbarem Material zu lagern. Nach der Öffnung der Kanister muss ihr Inhalt innerhalb von zwei Monaten aufgebraucht werden. Die Nachfermentation tritt besonders häufig im Juli und August auf, aber auch bei niedrigen Temperaturen kann sie nicht ausgeschlossen werden. Wird die Nachfermentation schnell festgestellt und angehalten, so hat sie keinen negativen Einfluss auf die Extraktqualität.

Trotz des Risikos einer erneuten Fermentation ist die Einlagerung von fermentierten Extrakten in Kanistern zu empfehlen. Denn es beruhigt ungemein, zu wissen, dass man die geläufigsten Stimulierungs-, Dünge- und Insektenabwehrmittel zur Hand hat, wenn sie zu Beginn der Saison benötigt werden. Dann ist man auch nicht darauf angewiesen, sehnsüchtig auf das Sprießen der ersten Brennnesseln zu warten …

Stark mineralische Pflanzen wie Schachtelhalm ergeben Extrakte, die sich leicht lagern lassen. Hier entwickelt sich nach einigen Monaten lediglich ein einfacher Schleier an der Oberfläche, wenn der Extrakt in einer Flasche aufbewahrt wird.

Flaschen mit Bügelverschluss sind besonders praktisch für die Lagerung von Extrakten und sogar von Brühen, zum Beispiel aus Rhabarber.

Gründe für das Misslingen

Wenn die Zubereitung der Extrakte nicht von Erfolg gekrönt ist, dann liegt das in den meisten Fällen an der Wasserqualität, so zum Beispiel, wenn der Eisengehalt des Wassers zu hoch ist, wenn dieses zu kalt (unter 15 °C) oder zu warm (über 35 °C) ist oder auch zu kalkhaltig (insbesondere bei tendenziell alkalisierenden Pflanzen wie Beinwell oder Schachtelhalm). Dazu kommt die Nachlässigkeit des Zubereiters, zum Beispiel wenn man …

… vergisst, durch einfaches, zehn Sekunden langes Umrühren zu kontrollieren, ob der Bläschenschaum verschwunden ist.

… Thymian oder andere thymolreiche Pflanzen verwendet, die das Einsetzen des Fermentationsprozesses verhindern (Blockierung der Stärke im Dextrin).

… stark thujonhaltige Pflanzen wie Rainfarn oder Echten Salbei gemeinsam mit anderen Pflanzen verwendet, die sich ebenso blockierend auf die Fermentation auswirken wie Thymian.

… unterschiedliche Pflanzen bei der Extraktzubereitung miteinander mischt, denn diese haben nicht die gleiche Fermentationsgeschwindigkeit.

… die Fermentation in einem Raum mit starken Temperaturschwankungen ansetzt.

… zu lange abwartet, bevor man den Extrakt entnimmt und filtert. Die Fäulnis setzt nämlich schnell ein und macht Ihre sorgfältige Arbeit zunichte.

Ganz wichtig: das richtige Wasser!

Für Jean-Claude Chevalard liegt eine der wesentlichen Ursachen für den Misserfolg der Fermentation – und in der Folge der Behandlung mit den erhaltenen Mitteln – in der Beschaffenheit des Wassers, das zu kalt ist oder einen zu hohen pH-Wert aufweist. Er sammelt deshalb eifrig Regenwasser von den Dächern seiner Gebäude und verwendet dieses für die Extraktzubereitung – und zur Säuberung seiner Fässer mit dem Hochdruckreiniger. Wenn Sie kalkhaltiges Wasser einsetzen müssen, dann empfiehlt er, dieses mit etwas Essig zu korrigieren. Die gleiche Vorsicht muss auf das Wasser angewandt werden, mit dem die Extrakte vor dem Sprühen verdünnt werden, denn sonst „pflegt man die Pflanzen nicht, sondern erstickt sie im Keim".

Brühen

Hier sind folgende Faktoren für den Erfolg verantwortlich:
- *Wasserqualität*
- *Einhalten der Siedezeit (je nachdem, wie zäh die Pflanze ist)*
- *Einsatz eines Deckels*

Der Misserfolg der Zubereitung von Brühen ist in den meisten Fällen durch überlange Siedezeiten und das Fehlen eines Deckels begründet, da hierdurch wertvolle Elemente verloren gehen.

Im Unterschied zu fermentierten Extrakten werden Brühen durch Kochen der Pflanzen gewonnen (Dekoktion). Diese werden zuvor grob zerschnitten und 24 Stunden lang bei Raumtemperatur eingeweicht. Das Wasser muss dabei die gleichen Eigenschaften aufweisen wie für die Zubereitung von fermentierten Extrakten (möglichst Regenwasser oder gelüftetes Leitungswasser). Die Mengenverhältnisse von Pflanzen und Wasser variieren von Fall zu Fall (siehe Register bzw. Übersichtstabelle).

Leicht köchelnd erwärmen

Zum Kochen wird ein Edelstahlkochtopf mit Deckel verwendet. Lassen Sie die Brühe 20 bis 30 Minuten köcheln. Ohne den Topfdeckel würden die stark flüchtigen Substanzen der Pflanzen mit dem Dampf verfliegen, was natürlich verhindert werden soll. Ideal wäre sogar ein umgedrehter Deckel, von dem die Kondensierungstropfen wieder in den Topf zurückfallen. Lassen Sie die Zubereitung anschließend zugedeckt abkühlen. Erst nach dem Abkühlen wird die Brühe durch einen einfachen Kaffeefilter geseiht,

danach kann sie verwendet werden. Diese schnelle Einsatzbereitschaft macht übrigens den großen Vorteil von Brühen gegenüber fermentierten Pflanzenextrakten aus. Andererseits können Brühen nur wenige Stunden (allerhöchstens ein bis zwei Tage) gelagert werden. Bei längerer Aufbewahrung werden sie sauer und müssen dann als fermentierter Extrakt eingesetzt werden.

Die Verarbeitung zu Brühen eignet sich besonders für zähe Pflanzen wie Brennnesselwurzeln, Schachtelhalm, Wermutkraut und Echter Salbei.

Starke Heilmittel

Die Dekoktion ist die einzige Methode, mit der gewisse Wirkstoffe gegen Krankheiten und Schädlinge gewonnen werden können. So vertreibt das aus Wermutkraut gewonnene Thujon den Apfelwickler, ein Schmetterling, dessen Wurm sehr häufig in Äpfeln auftritt. Für weichere, nicht holzige Pflanzen, sind Tees zu bevorzugen.

Brühen werden sowohl vorbeugend als auch heilend bei Krankheiten und Schädlingsbefall eingesetzt. Manche von ihnen stärken zudem die Pflanzen: So dient zum Beispiel Beinwellbrühe zugleich als Blattdünger, als Insektizid und als leichtes Fungizid (pilztötendes Mittel).

„Organic teas" („Organische Tees")

Englische und amerikanische Gärtner führen seit einigen Jahren Versuche mit so genannten organischen Tees durch. Dabei handelt es sich um nichts anderes als mit Kompost und Regenwasser gefüllte Tonnen, durch die durch Röhrchen Luft geleitet wird. Diese Kaltmazeration mit Sauerstoff wird nach einer oder zwei Wochen abgebrochen. Der gewonnene „Saft" wird als Stimulator, zum Gießen oder zum Besprühen von Blättern verwendet. Rezepturen dieser Art findet man in alten Gartenbüchern aus dem 19. Jahrhundert, die die Mazeration von Mist empfahlen. Die Zufuhr von Luft ist insofern ein Fortschritt, als sie das Faulen der Mischung verhindert.

Tees

Hier ist die Zubereitung nicht besonders schwierig, denn Tee oder Kaffee kochen kann jeder! Empfohlen wird, die Pflanzenstücke ins Wasser zu tauchen, sie kochen zu lassen und anschließend noch weiter im Wasser einzuweichen. Im Unterschied zur Dekoktion werden die Pflanzen hier ins kalte Wasser gegeben und der Kochvorgang wird beim ersten Sieden unterbrochen. Danach wird der Topf zugedeckt. Dann lassen Sie die Zubereitung bis zum Erkalten ziehen und filtern sie schließlich. Teilweise wird auch empfohlen, den 45 °C warmen Tee zur Bekämpfung von Blattläusen zu versprühen. Das tötet die Schädlinge, aber nicht die Pflanze, auf der sie sitzen. Auch hier ist das richtige Verhältnis von Pflanzen- zu Wassermenge von Fall zu Fall unterschiedlich (siehe Pflanzenregister). Tee ist besonders als Insektizid wirksam; der Brennnesseltee ist zum Beispiel sehr effizient gegen bestimmte Blattlausarten. Dies gilt allerdings vor allem für sehr ausgewogene Gärten. In anderen Fällen empfiehlt sich eher die Anwendung von fermentierten Extrakten oder Brühen, da diese stärker konzentriert sind. Erst nach mehreren Jahren Einsatz von Kompost und viel Mulch sind Aufgüsse ausreichend.

WICHTIG!

Aufgüsse können Sie lagern, indem Sie sie heiß in eine Glasflasche abfüllen und diese vor Licht geschützt aufbewahren.

Auch hier ist die Wasserqualität wesentlich und es muss vermieden werden, dass die Mischung zum Kochen kommt.

Schiefgehen kann es nur, wenn Sie vergessen, während der eigentlichen Einweichphase einen Deckel auf den Topf zu legen.

Kaltauszüge

Zur Herstellung von Kaltauszügen werden Pflanzenstücke bei Raumtemperatur rund 24 Stunden eingeweicht. Vorher werden die Pflanzen sorgfältig klein geschnitten. Dazu können Sie ein Messer oder eine Schere verwenden – je nach zu behandelnder Menge (1 kg Pflanzen auf 10 l Wasser, außer bei Rhabarber, hier werden 500 g auf 3 l verwendet und 3 Tage eingeweicht). Anschließend wird die Zubereitung gefiltert und unverdünnt gespritzt. Allerdings kann sie nicht gelagert werden, da sonst ein Fermentationsprozess einsetzt. Kaltauszüge sind vor allem für ihre sparsame Erzeugung beliebt, da sie nicht erhitzt werden müssen. Die Mittel werden schnell gewonnen und können unverdünnt eingesetzt werden. Allerdings erhält man hier keine großen Extraktmengen, daher eignet sich die Methode vor allem als Aushilfsmaßnahme oder für Kleingärten bzw. Balkone. In der Praxis werden Kaltauszüge hauptsächlich aus Rhabarber, Brennnessel, Kapuzinerkresse und Meerrettich hergestellt.
Kaltauszüge haben vor allem einen fungiziden Effekt; teilweise wirken sie auch stimulierend auf das Chlorophyll. Generell sind Kaltauszüge eine sehr sanfte Art der Behandlung.

Wichtig ist hier die Wasserqualität – einmal mehr! – sowie die sorgfältige Zerkleinerung der Pflanzen und eine Wassertemperatur von 16 bis 26 °C.

Misserfolge entstehen durch zu kaltes Wasser und zu grob zerschnittene Pflanzen.

Die perfekte Ausrüstung ...

Lassen Sie sich von der folgenden Liste nicht abschrecken, denn Sie benötigen nicht das gesamte Material, um loslegen zu können.

Allererstes und wichtigstes Hilfsmittel: Ihre Begeisterung!

Leichter Drahtkorb. Gut gefüllt fasst er ein Kilo frische Brennnesseln (s. Abbildung gegenüber).

Rüsten Sie sich nach und nach aus und nutzen Sie Sonderangebote und Schnäppchen auf Flohmärkten oder Schrottplätzen.

- Es wäre gut, für die fermentierten Extrakte vier oder fünf Plastikbehälter mit Fassungsvermögen von 15 bis 200 l zur Hand zu haben. Perfekt geeignet sind Edelstahleimer für den Imkerbedarf, vorausgesetzt, Sie finden sie, wie erwähnt, zu einem günstigen Preis, am besten gebraucht.
- Ein großer Edelstahl-Kochtopf kann für die Zubereitung von Aufgüssen, Kaltauszügen und Brühen verwendet werden.
- Wenn Sie einen speziell für Ihre „Pflanzen-Küche" bestimmten Gas- oder Elektrokocher besitzen, müssen Sie keine heißen Töpfe durchs Haus tragen.
- Körbe und Wannen sind hilfreich bei der Ernte und Zubereitung der Pflanzen.
- Zum Zerschneiden der Pflanzen: Haushaltsschere, Metzgermesser,

Eric Petiot überprüft regelmäßig mit seinem pH-Messgerät den Säuregehalt des Wassers.

Heckenschere, Gartenschere und natürlich ein großes Holzbrett.

- Zur Herstellung von Knoblauchextrakt ist eine Knoblauchpresse zu empfehlen (so wie ein Paar gute Handschuhe!).
- Ein Notizbuch, in dem Sie Ihre Beobachtungen und die Ergebnisse Ihrer Versuche festhalten. Glau-

ben Sie uns: Ein gutes Gedächtnis alleine reicht dafür nicht aus!
- Ein Tisch – höchst praktisch und ergonomisch.
- Klebeetiketten zur Beschriftung Ihrer Kanister – damit Sie nicht aus Versehen statt einem „Coq au vin" einen „Coq à l'extrait" kochen!
- Zum Filtern benutzen Sie am besten einen Weintrichter mit großem Abfluss, wie man ihn bei Landwirtschaftsgenossenschaften findet, und ein darauf passendes feines Sieb.
- Zur Aufbewahrung eignen sich vor allem elastische Plastikkanister.

Durch Wiegen der Pflanzen vor der Extraktzubereitung vermeiden Sie Überdosierungen und die Verschwendung von Ausgangsstoffen. Wenn Sie mit den Gewichtsverhältnissen vertraut sind, wird das Wiegen überflüssig.

... zum Messen

Barometer, Thermometer und Feuchtigkeitsmesser

N atürlich müssen Sie sich nicht wie ein professionelles Labor ausrüsten, aber die Erfahrung hat gezeigt, dass jedes einzelne dieser Geräte durchaus seine Berechtigung hat. Und alle sind wunderbare Geschenkideen für Geburtstage oder zum Namenstag des hl. Fiacrius, dem Schutzpatron der Gärtner!

- Sie benötigen eine flache und präzise Waage von 300 g bis 5 kg.
- Ein Messbecher ist äußerst praktisch bei prozentualen Verdün-

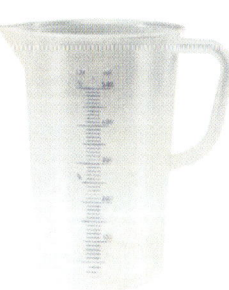

Eine Küchenwaage mit 20-g-Feineinteilung eignet sich sehr gut.

Links: In der Apotheke erhältliches pH-Papier. Rechts: Ein professionelles pH-Messgerät (pHEP2), das den pH-Wert und die Temperatur des Extraktes anzeigt.

ausreichend. Auf die Dauer wird es allerdings ziemlich teuer, und die Messwerte sind doch relativ unpräzise.
- Echte Extrakt-Fans werden daher in ein pH-Messgerät investieren. Wir empfehlen hierfür einen Taschen-pH-Meter, den Sie im gut sortierten Fachhandel bekommen. Eine Wetterstation ist immer praktisch, um den richtigen Moment zum Sprühen zu bestimmen. Elegante und präzise Geräte finden Sie im Fachhandel.
- Eine Binokularlupe, denn Blattläuse sind aus der Nähe betrachtet wirklich faszinierend. Wir empfehlen ein Modell mit integrierter Beleuchtung. Damit können Sie 7- bis 45-mal vergrößern. Das hilft beim Zählen und beim Überprüfen der Wirksamkeit Ihrer Mittel.

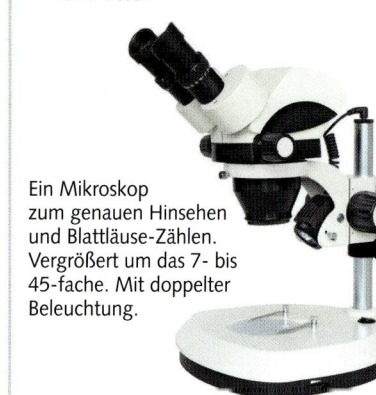

Ein Mikroskop zum genauen Hinsehen und Blattläuse-Zählen. Vergrößert um das 7- bis 45-fache. Mit doppelter Beleuchtung.

nungsangaben: „5 %" zum Beispiel entspricht einer Menge von 10 cl auf 2 l oder 25 cl auf 5 l bzw. 50 cl auf 10 l.
- Zur Messung des pH-Wertes (bzw. der Säure des Wassers) können Sie in der Apotheke erhältliches pH-Papier verwenden. Das ist zu Beginn vollkommen

Ein Messbecher eignet sich zum präzisen Verdünnen der Extrakte vor ihrem Einsatz.

... und zum Behandeln

- Eine Gartenspritze (Rückenspritze) oder, je nach Größe Ihres Gartens, ein Sprühgerät.
- 10-l-Gießkannen aus Plastik oder galvanisiertem Metall je nach Geschmack.

- Ein alter Krug vervollständigt diese Sammlung und wird sich sicherlich als nützlich erweisen.

Die erhabene Geste des
Pflanzensprühers …

PFLANZEN, DIE DEM GÄRTNER HELFEN

Jetzt beherrschen Sie die hohe Kunst der Pflanzenextrakte. Sie fragen sich aber, welche Extrakte Sie nach welchen Kriterien auswählen sollen. Verwenden Sie Pflanzen, die in Ihrer Umgebung reichlich vorkommen. Mit zwei Ausnahmen: Brennnessel und Schachtelhalm. Erstere ist in trockenen Klimazonen schwer zu finden, das Vorkommen der Zweiten ist von geologischen Gegebenheiten abhängig. Aber die Brennnessel lässt sich zum Glück relativ einfach anbauen und den Schachtelhalm finden Sie beim Bio-Kräuterhändler. Auch sollten Sie nicht zu viele verschiedene Pflanzenextrakte einsetzen, sondern sich auf vier oder fünf beschränken, mit denen Sie den Erste-Hilfe-Koffer für Ihren Garten zusammenstellen.

Warum gerade diese Pflanzen?

Grundsätzlich weisen alle wild wachsenden oder gezüchteten Pflanzen Eigenschaften auf, die bei der Behandlung kleiner Gartenprobleme Abhilfe schaffen können. Bestimmte Pflanzen allerdings haben sich bereits gut bewährt, und diese sollen hier bevorzugt behandelt werden.

Wir haben uns zunächst auf alte Erfahrungswerte berufen. Allen voran gibt es vier Pflanzen, die unbedingt in den Erste-Hilfe-Koffer gehören: Brennnessel, Beinwell, Schachtelhalm und Farn sind Erfolgsgaranten. Eine weitere Gruppe von Pflanzen verdient aus jeweils verschiedenen Gründen Ihre Aufmerksamkeit. Mit deren Besonderheiten werden Sie im Nachstehenden Bekanntschaft machen; das wird Ihnen bei der Auswahl der für Ihren Garten am besten geeigneten Pflanzen helfen.

Ampfer	Wolfsmilch
Beinwell	Lavendel
Brennnessel	Löwenzahn
Insektenblume	Meerrettich
Baldrian	Oregano
Salbei	Pfefferminze
Mädesüß	Rainfarn
Efeu	Rhabarber
Farn	Sand-Thymian
Fenchel	Schachtelhalm
Gartenknob-lauch	Schafgarbe
Wacholder	Holunder
Hanf	Tagetes
Seifenkraut	Weinraute
Kapuziner-kresse	Wermutkraut
Klette	Zitronen-melisse

AMPFER

Rumex obtusifolius. Knöterichgewächse (Polygonaceae)

Ampfer ist eine äußerst invasive Pflanze, die sowohl auf Wiesen als auch auf Anbauflächen reichlich wächst. Für viele Landwirte ist sie so zum roten Tuch geworden.

Große, grundständige, feine Blätter, die an der Basis herzförmig sind und oben spitz zulaufen. Der rötliche Blütenstiel wird über 1 m hoch, die Blätter sind grünlich und wachsen stufenförmig am mittleren und oberen Teil des Stängels.

ANBAU

Meistens begnügt man sich, die wild wachsenden Pflanzen zu sammeln. Darüber wird sich Ihr Nachbar bestimmt freuen, und er wird sich wohl fragen, was Sie wohl mit diesem Teufelszeug vorhaben!

EIGENSCHAFTEN

Fungizid, wirkt gegen Obstbaumkrebs (Apfel- und Birnbäume).

VERWENDUNG

Als Tee: 1 kg Blätter auf 5 l kochendes Wasser. Warten, bis der Tee abgekühlt ist, dann unverdünnt auf den Obstbaumkrebs spritzen. Der Tee kann auch mit einem Schwamm auf Stamm und dicke Äste aufgetragen werden. Junge Bäume sollten vorbeugend behandelt werden, wenn es sich um empfindliche Arten handelt.

Die Ampferblätter werden im Frühjahr gesammelt, um die Behandlungen gleich anschließend durchzuführen.

BEINWELL

Symphytum officinale
Symphytum x uplandicum.
Raublattgewächse (Boraginaceae)

Diese beiden Arten werden oft verwechselt, weil sie sehr schwer zu unterscheiden sind. Bei beiden Arten wachsen die ovalen Blätter als großes, dichtes Büschel mit üppiger rauer Behaarung.
Der glockenförmige Blütenstand bildet spiralartige Trugdolden. Die Blüten können, je nach Tag, weiß, rosa oder rot sein. Echter Beinwell wächst sowohl in freier Natur als auch in Gärten und wird auch als „Fuchsschwanz" bezeichnet. Der sogenannte „Futter-Beinwell" (Bocking 14) wird hauptsächlich in Gärten gezogen und verwildert nur in seltenen Fällen. Für landwirtschaftliche Zwecke ist die zweitgenannte Art aufgrund ihrer höheren Produktivität besser geeignet, aber im Privatgarten werden beide sehr hilfreich sein.

ANBAU

Vermehrung über Stecklinge und Wurzelteile, anschließend wird Beinwell in einem frischen, tiefen, humushaltigen Boden eingepflanzt.
Großer Bedarf an Stickstoff und organischen Substanzen (organischer Dünger und Kompost). Vergessen Sie nicht, dass Beinwell sehr invasiv ist und es bei reichhaltigen, tiefen Böden schwierig sein kann, ihn wieder loszuwerden.

Als Kompost oder Mulch ist Beinwell einer der besten Verbündeten des Gärtners.
Als frischer Mulch ist Beinwell eine ausgezeichnete Falle für Nacktschnecken, die sich gern darin verstecken und somit leicht gesammelt und eliminiert werden können. Wenn Sie mehr über Beinwell erfahren, die verschiedenen Arten unterscheiden, Beinwell anbauen, im Garten, in der Küche oder als Heilkräuter für die Familie verwenden möchten, dann lesen Sie: Hanni Reichenvater, Hausmittel und Heilkräuter im Jahreslauf, Graz 2011, S. 102.

EIGENSCHAFTEN

Beinwell regt die Mikrobenflora des Bodens und ganz allgemein den Pflanzenwuchs an. Er fördert das Wachstum der Aussaaten sowie die Blattentwicklung der Kulturen. Frische Beinwellblätter beschleunigen die Verrottung von Kompost. Sie fördern die Zellvermehrung und -erneuerung: Sie werden daher sowohl bei Pflanzen als auch bei Tieren zur Heilung diverser Verletzungen eingesetzt.
Wirkstoff: Beinwell enthält viel Allantoin, das die Zellvermehrung fördert.

VERWENDUNG

Verwendete Teile: frisch gepflückte Blätter.
Als fermentierter Extrakt (1 kg frisch gepflückte Blätter auf 10 l Wasser).
Der Extrakt wird mit der Gießkanne auf dem Boden verteilt (auf 20 Prozent verdünnt), auf die Blätter gesprüht (auf 5 Prozent verdünnt), auf das Saatgut versprüht und als Blattdünger verwendet.
Als konzentrierter Saft: Man lässt die Pflanze allein in einem undurchsichtigen Behälter ohne Wasser fermentieren. Nach zwei Tagen wird sie ausgepresst, um einen dunklen konzentrierten Saft zu erhalten. Dieser unverdünnte Saft desinfiziert Schnittwunden, diese bleiben erstaunlich sauber. Nach dem Zurückschneiden von Obstbäumen kann dieser Saft in 5-prozentiger Verdünnung auf die Schnittwunden gesprüht werden.
Die Anreicherung des Bodens durch Versprühen von fermentiertem Beinwellextrakt führt dazu, dass kleine Tiere angezogen werden. Nach Ausbringen des Extrakts weist der Boden wesentlich mehr Makroorganismen (Regenwürmer, Asseln usw.) auf. Darüber hinaus wird er auch mit Mikroorganismen angereichert. Dieser Extrakt ist besonders wirksam, wenn er vor dem Auftragen von klein gehäckseltem Zweigholz (auch als „FZH" bezeichnet: fragmentiertes Zweigholz) ausgebracht wird, denn er zieht Makro- und Mikroorganismen an, die die Materie abbauen.

BRENNNESSEL

Urtica dioica. Brennnesselgewächse (Urticaceae)

Große mehrjährige Pflanze dank fleischiger Rhizome. Die Brennhaare sind nach wie vor eines der wichtigsten Erkennungsmerkmale der Brennnessel, somit kann sie nicht mit der weißen Taubnessel (*Lamium album*, Lippenblütler) verwechselt werden. Die weiße Taubnessel weist nicht die bemerkenswerten Eigenschaften der Brennnessel auf.

ANBAU

Vermehrung durch Teilung des Stamms und mit Rhizomstecklingen. Ernte ab dem ersten Anbaujahr, außer im Fall von Aussaat (selten!). Diese Pflanze lässt sich schwer anbauen, sie benötigt einen frischen, tiefen Boden, der reich an wenig verrotteten organischen Stoffen ist. Die Ernte von wild wachsenden Pflanzen ist heute am weitesten verbreitet und wird auch von Profis bevorzugt.

Die kleine Brennnessel (*Urtica urens*) wird insbesondere in der Humanmedizin eingesetzt. Sie besitzt die gleichen Eigenschaften wie ihre große Schwester, allerdings ist ihre Produktivität wesentlich geringer, daher wird sie nur selten im Garten und in der Landwirtschaft verwendet. Als einjährige Pflanze wird die kleine Brennnessel ausschließlich mit Samen vermehrt.

EIGENSCHAFTEN

Stärkt und regt die Mikrobenflora des Bodens und der Vegetation an (Verbesserung der Chlorophyllfunktion). Guter Kompostbeschleuniger. Fördert die Verrottung organischer Stoffe, einschließlich Tierjauche usw.
Wirkstoffe: ein Cocktail aus noch relativ unbekannten organischen und mineralischen Stoffen, darunter Ameisensäure.

VERWENDUNG

Die ganze Pflanze wird vor der Blüte gesammelt. Die Arbeiten von Rolf Peterson (Lünd, Schweden, 1981) haben die fungizide Wirkung der Wurzeln nachgewiesen, wenn sie während des Fermentationsprozesses hinzugefügt werden.
Als Tee (1 kg Brennnesseln auf 10 l Wasser 12 Stunden lang ziehen lassen, anschließend auf 10 Prozent verdünnen) wirken Brennnesseln insektenabwehrend (Blattläuse, Milben, Obstmaden) und teilweise auch insektizid (bei manchen Blattlausarten).
250 g getrocknete Pflanzen in 10 l kaltem Wasser auf 80 °C erhitzen, zugedeckt abkühlen lassen. Bekämpft Milben (akarizide Wirkung).
Fermentierter Extrakt (1 kg Brennnesseln in 10 l Wasser einige Tage stehen lassen) fördert das Keimen von Saatgut und stärkt die Immunabwehr der Pflanzen: Das Saatgut wird maximal 30 min im unverdünnten Extrakt oder 12 Stunden im auf 20 Prozent verdünnten Extrakt eingetaucht. In derselben Verdünnung verstärkt das Extrakt die Wirkung des Eintauchens von Wurzeln beim Pflanzen von Bäumen und Sträuchern mit nackter Wurzel und von Gemüse (Lauch, Kohl, Salat, Tomaten …).

DALMAT. INSEKTENBLUME

Tanacetum cinerariifolium. Korbblütler (Asteraceae)

Diese Pflanze ähnelt einer Margerite oder einer großen Kamillenblume.

ANBAU

Aussaat auf einem lockeren humusreichen Boden. Bevorzugt Wärme. Leichte schattige Standorte sind möglich. Die Pflanze wurde lange Zeit in Afrika (Kenia) gezüchtet, weil sie dort besonders viel Wirkstoff entwickelt.

Die heute in den Gartencentern angebotenen synthetischen Pyrethroide sind in keiner Weise biologisch und können sich langfristig als

besonders umweltschädlich erweisen; daher sind diese Produkte mit Vorsicht zu genießen.

EIGENSCHAFTEN

Wirksames Insektizid zur Bekämpfung von Blattläusen, Schildläusen, Kohl- und Möhrenfliegen usw. Unschädlich für Bienen und Menschen.

VERWENDUNG

Die Blumen werden in aufgeblühtem Zustand geerntet und auf einem Rost in einem gut gelüfteten Raum lichtgeschützt getrocknet. Fermentationsextrakt (70 g Pflanzen auf 10 l Wasser), auf 20 Prozent verdünnen. Oder als Tee: 30 g Pflanzen auf 2 l Wasser. Unverdünnt verwenden. Die Pflanzen werden nach Sonnenuntergang oder frühmorgens damit besprüht.

ECHTER BALDRIAN

Valeriana officinalis. Baldriangewächse (Valerianoideae)

Achtung: Echter Baldrian darf nicht mit der Spornblume (*Centranthus*) verwechselt werden, die wegen ihrer rosa Blüten sehr geschätzt wird. Echter Baldrian ist eine mehrjährige Pflanze, die zwischen 80 cm und 1,50 m hoch wächst. Der Stängel ist aufrecht, eingekerbt und wenig verzweigt. Die gefiederten Blätter weisen 5 bis 11 breite oder 11 bis 23 schmale Blättchen auf. Die weißrosa Blüten erscheinen von Mai bis August.

ANBAU

Baldrian kann auf einem reichhaltigen Boden an einem halbschattigen Standort kultiviert werden. Die Samen können in der Natur gesammelt oder bei einem auf

Wildpflanzen spezialisierten Pflanzenzüchter erworben werden. Rustikale Pflanze, wenn sie wild wächst, aber merkwürdigerweise empfindlich, sobald sie angebaut wird. Im Herbst muss sie mit ihren eigenen Schnittabfällen vor Frost geschützt werden.

Der Geruch von Echtem Baldrian lockt Katzen an, die sich daran reiben oder diesen stundenlang beschnuppern.

EIGENSCHAFTEN

Biologisches Stimulans bei Anwendung auf Kompost oder in Verbindung mit einem Dünger. Baldrian wird im biodynamischen Gartenbau fein versprüht, um Blumen vor Frost zu schützen (Präparat 507). Wirkstoff: Valeriansäure.

VERWENDUNG

Kaltextrakt: 10 ml Baldrianblütenextrakt wird in 10 l lauwarmes Regenwasser 10 min lang eingerührt. Die Blüten pressen, um den Saft zu entnehmen. Ein Tropfen Extrakt reicht für einen Liter Wasser. Als Frostschutz wird die Zubereitung im Frühjahr nachmittags vor dem Frosteinfall auf die Blumen versprüht. Zur Förderung der Blütenbildung wird der Extrakt im Frühjahr mehrmals auf die Blumen gesprüht.

ECHTER SALBEI

Salvia officinalis. Lippenblütler (Lamiaceae)

Stammt ursprünglich aus dem Mittelmeerraum. Halbstrauch, der bis zu 50 cm hoch wird und im Sommer purpurne Blüten trägt.

ANBAU

Benötigt eine sonnige Lage, um die abwehrend wirkenden sekundären Metabolite erzeugen zu können.

Aussaaten dürfen nicht mit Salbeiextrakt gegossen werden, da die Keimung dadurch gebremst wird.

EIGENSCHAFTEN

Insektizid, Fungizid. Wirkstoffe: Monoterpene: Thujon, Kampfer. Aldehyde, Kumarin usw.

VERWENDUNG

Als Tee: insektenabwehrend (100 g frische Pflanzen auf l Wasser).
Fermentationsextrakt (1 kg Blätter und Blütenspitzen auf 10 l Wasser, auf 10 Prozent verdünnt) zur Bekämpfung von Kraut- und Knollenfäule bei Kartoffeln.

ECHTES MÄDESÜSS

Filipendula almaria. Rosengewächse (Rosaceae)

Wunderschöne Pflanze, die auf feuchten Böden am Straßenrand, auf Wiesen und in Sumpfgebieten wächst. Schirmrispige Blütenstände mit vielen weißen Einzelblüten. Die dunkelgrünen gefiederten Blätter setzen sich aus fünf bis neun Blättchen zusammen.

ANBAU

Echtes Mädesüß wird am besten dort gesammelt, wo es wild wächst. Die Pflanze kann auch angebaut werden, ist allerdings invasiv.

EIGENSCHAFTEN

Enthält Salizylsäure, ein Phytohormon (Botenstoff), das als Vorläufer des Pflanzen-Abwehrsystems fungiert. Pflanzen, deren Blätter mit echtem Mädesüß besprüht werden, können rascher auf Angriffe zu reagieren. Als Vorbeugungsmaßnahme empfiehlt sich eine Mischung mit fermentiertem Brennnesselextrakt. Wirkstoff: Salizylsäure.

VERWENDUNG

Der Tee (Aufguss mit 80 °C heißem Wasser) von Mädesüßblüten ergibt biologisch verfügbare natürliche Salizylsäure. Anders als beim Aufguss der Blätter oder anderer Pflanzen (Weiden) wird die Salizylsäure hier nicht von Tanninen fixiert. 250 g getrocknete Blüten in 10 l kaltem Wasser auf etwa 80 °C erhitzen. Von der Feuerstelle nehmen. Abwarten, bis der Aufguss abkühlt. Auf 10 Prozent verdünnen.

EFEU

Hedera helix.
Araliengewächse (Araliaceae)

Jeder kennt diese Lianenpflanze, die 50 Meter lang werden kann. Der kraftvolle holzige Stängel ist dank seiner Haftwurzeln in der Lage, an Bäumen und Mauern emporzuklettern. Die drei- bis fünflappigen immergrünen Blätter haben eine Lebensdauer von etwa drei Jahren. Die Blätter von erwachsenem Efeu sind oval. Die gelbgrünen Blüten (September–Oktober) bieten eine wichtige Nahrungsquelle für Honigbienen, da in dieser Jahreszeit nur wenige andere Pflanzen blühen.

ANBAU
Efeu wird in der Natur gesammelt, wobei darauf zu achten ist, dass die Trägerbäume nicht verletzt werden.

Die Imker des 18. Jahrhunderts rieben sich die Hände mit Efeu ein, um Bienenstiche zu vermeiden.

Im Gegensatz zur Meinung mancher Gärtner ist Efeu keine Schmarotzerpflanze, da er dem Trägerbaum keine Nährstoffe entzieht, denn seine Luftwurzeln dienen einzig als Hafthilfe beim Hochklettern. Viele Menschen reagieren allergisch auf den Pflanzensaft von Efeu und auf die Härchen an der Unterseite der Efeublätter.

EIGENSCHAFTEN
Efeu ist insektenabwehrend und tötet Schildläuse, Milben und Blattläuse.
Wirkstoff: Heterosid (Glycosid) ist in der gesamten Pflanze enthalten und wird im Extrakt freigesetzt. Achtung, dieser fermentierte Extrakt darf nicht mit dem Mund in Berührung kommen (Kinder).

VERWENDUNG
Fermentierter Extrakt: 1 kg zerhackte Blätter auf 10 l Wasser. Überwachen Sie die Fermentation: Die Blätter enthalten weißen Schaum produzierende Saponine, die mit den Bläschen der eigentlichen Fermentation nichts zu tun haben. In einer Verdünnung von 5 Prozent einsetzen.

FARN

Pteridium aquilinum, Pryopteris filix-mas.
Adlerfarngew. (Dennstaedtiaceae)

Mehrjährige Pflanze dank Rhizom. Bei der jungen Pflanze hat der aufragende Teil die Form eines Gewehrkolbens, danach entwickelt er sich zu einer großen dreieckigen Palme, deren Blätter fein und doppelt ausgezackt sind. Der echte Wurmfarn oder Männerfarn (*Dryopteris filix-mas*) scheint sehr ähnliche Eigenschaften wie der Adlerfarn aufzuweisen und kann ohne Weiteres durch ihn ersetzt werden, außer als Fungizid.

ANBAU
Adlerfarn wird nicht angebaut, sondern im Wald gesammelt.

Das Verteilen von frisch gepflücktem Farn auf Jungpflanzen hält Kohlweißlinge fern. Die Fermentationsabfälle ziehen Nacktschnecken an und vergiften sie, genau wie Metaldehyd.

EIGENSCHAFTEN
Insektizid und Abwehrmittel.
Wirkstoffe: Gallus- und Essigsäure, Gerbsäure (Tannin), Blausäureglykosid, Kalium, Aldehyd, das sich nach der Fermentation in Metaldehyd verwandelt.

VERWENDUNG
Fermentierter Extrakt (1 kg auf 10 l), allein oder in Verbindung mit Brennnessel und Schachtelhalm. Feldversuche (auf 10 Prozent verdünnter Farnextrakt in Verbindung mit 40 g Rizinuskuchen pro Quadratmeter, zweimal versprüht) haben eine insektizide Wirkung bei Drahtwurmbefall von Kartoffeln nachgewiesen. Der fermentierte Extrakt wurde auch bei Massenvermehrung von Blutläusen (Naturhistorisches Museum Rouen) und Rebzikadenbefall erfolgreich eingesetzt. Die Zugabe von Rosskastanien zu Fermentierungsbeginn verstärkt die Wirkung.

FENCHEL

Foeniculum vulgare.
Doldenblütler (Apiaceae)

Zwei- bis mehrjährige Pflanze mit einem hohlen geraden Stängel und gefiederten Blättern. Gelbe doldige Blütenstände, die sich später zu Früchten entwickeln. Die gesamte Pflanze verströmt einen aromatischen Duft. Sie

wächst am Straßenrand oder auf freien Flächen. Es wird auch purpurfarbener Bronze-Fenchel gezüchtet, er nimmt allerdings im Laufe der Jahre wieder seine ursprüngliche grüne Farbe an.

ANBAU

Als Saatgut oder Jungpflanzen. Jungpflanzen sind im Gartencenter oder in Gärtnereien erhältlich, die auf aromatische Pflanzen spezialisiert sind. Der mehrjährige Fenchel hat dieselben Eigenschaften wie der einjährige Fenchel. Fenchel darf nicht neben ketonhaltigen Pflanzen wie Wermut, Rainfarn oder Salbei gesetzt werden, da diese den Fenchel verkümmern lassen. Zum Ernten der Samen genügt

es, die Stängel über ein Tuch zu hängen, in das die reifen Samen direkt hineinfallen.

EIGENSCHAFTEN
Wirkt dem Befall von Blattläusen auf grünen Bohnen, Saubohnen und Rosenstöcken entgegen. Hält blattfressende Raupen fern. Wirkstoffe: Trans-Anethole und Cumarine.

VERWENDUNG
Als Brühe: 100 g Samen werden in 10 l Wasser ausgekocht. 5 min kochen, zugedeckt abkühlen lassen. Auf 20 Prozent verdünnen.

GARTENKNOBLAUCH

Allium sativum. Liliengewächs (Liliacées)

Gut bekannte Gemüsepflanze, deren wulstige Zwiebel sich aus etwa einem Dutzend Zehen zusammensetzt. Die Knoblauchblätter sind flach und bis etwa zur Mitte des Stängels von einem dünnen Häutchen umhüllt. Knoblauch ist eine mehrjährige Pflanze, die vor allem in südlichen Gegenden gelegentlich blüht. Der Blütenstand weist die Form einer abgerundeten Dolde mit weiß- bis rosafarbenen Blüten auf, der auf einem hohlen Stängel angeordnet ist.

ANBAU

Die Zehen von weißem Knoblauch werden zu Allerheiligen gepflanzt, die von rosa oder violettem Knoblauch zwischen Mitte Februar und Ende März. Sonnige Lage.
Gewöhnliche, vorzugsweise mit altem Kompost angereicherte

Erde, da auf organisch aufgewerteten Böden wachsender Knoblauch mehr Wirkstoffe aufweist als unter kargen Bedingungen gezogener.

Wichtiger Hinweis: Legen Sie den für Gartenzwecke benötigten Knoblauch sofort beiseite, damit er nicht aus Versehen im Kochtopf landet!

EIGENSCHAFTEN
Insektizid und Fungizid.
Wirkstoffe: Sulfide.

VERWENDUNG
Brühe: 100 g gehackte Knoblauchzehen in 1 l Wasser zum Kochen bringen und eine Stunde ziehen lassen. Zur Vermeidung der Keimlingsumfallkrankheit

(Wurzelfäule) unverdünnt zum Gießen verwenden. Ebenfalls in unverdünnter Form wirkt die Brühe auch bei von Kräuselkrankheit befallenen Pfirsichbaumblättern und an Graufäule erkrankten Erdbeeren.
Öliger Kaltauszug: 100 g Knoblauch zerdrücken, 12 Stunden in 2 Esslöffel Leinöl ziehen lassen; abfiltern, einen Liter Regenwasser hinzufügen und eine Woche stehen lassen. Befallene Pflanzen mit einer 5-prozentigen Verdünnung besprühen. Bekämpft Blattläuse, Birnblattsauger, Kartoffelkäfer (erwachsenes Insekt), Rüsselkäfer und Kräuselkrankheit. Wehrt Wild (Rehe) ab.

GEMEINER WACHOLDER

Juniperus communis. Zypressengewächse (Cupressaceae)

Immergrüner Nadelbaum mit biegsamen Ästen, die von in Dreiergruppen angeordneten Nadeln bedeckt sind. Wacholder trägt das ganze Jahr über Beeren in verschiedenen Reifestadien, deren Farbe von grün bis dunkelblau reicht. Dieser Nadelbaum bevorzugt Kalkböden.

ANBAU

Wacholder wird bevorzugt in Berggebieten gesammelt, kann aber auch auf leichtem Boden gesät werden. Diese Baumart kann sich an saure Böden gewöhnen.

EIGENSCHAFTEN

Wehrt Apfelwickler und Gemeine Stechfliegen (Wadenstecher) ab.
Wirkstoffe: Pinen, Borneol, Inosit, Juniperin.

VERWENDUNG

In Form von Brühe, die aus Zweigen mit Beeren (250 g trockne bzw. 1 kg frische Pflanzen auf 10 l Wasser) hergestellt wird. 30 min kochen.
Verdünnungen: zur Besprühung der Blätter vor Insektenbefall auf 10 Prozent verdünnen.

GEWÖHNLICHER HANF

Cannabis sativa. Hanfgewächse (Cannabaceae)

Diese Pflanze wurde im 18. Jahrhundert in Holland landwirtschaftlich eingesetzt, um die Kohlfelder vor Kohlweißlingbefall (*Pieris brassicae*) zu schützen. Damals pflanzten die Bauern rund um ihre Felder Hanf an. Die Schmetterlinge werden von terpen- und phenolhaltigen Derivaten vertrieben, die von der Pflanze freigesetzt werden. Hanf ereilte das gleiche Schicksal wie Hunderte anderer Pflanzen, deren Wirkstoffe als Motivation dienten, um synthetisch hergestellte Derivate auf den Markt zu bringen. Wer dennoch die Möglichkeit hat, das Wachstum der Pflanze und ihre Wechselwirkungen in einem bestimmten Milieu unvoreingenommen zu beobachten, der wird ihren wahren Wert erkennen.

ANBAU

Samen (ausschließlich gewöhnlicher Hanf).

Wichtig: Der Anbau von Hanf neben Tomaten und Auberginen verhindert, dass diese Pflanzen an den Wurzeln von gallbildenden Fadenwürmern (Nematoden) befallen werden.

EIGENSCHAFTEN

Wirkt der Entwicklung von Insekten (Kohlweißling) und Fadenwürmern (Nematoden) entgegen.

VERWENDUNG

Die gesamte Pflanze hält Kohlweißlinge fern. Dazu eignet sich ein aus den Blättern zubereiteter Tee (90 °C) oder eine aus den Samen oder Wurzeln erzeugte Brühe.
Blätter-Aufguss: 250 g getrocknete Blätter in 10 l Wasser auf 90 °C erhitzen. Vom Feuer nehmen und abkühlen lassen. Verwendung mit 10-prozentiger Verdünnung.
Wurzelbrühe: 250 g getrocknete Wurzeln 30 min in 5 l kaltem Wasser einweichen. Auf 5 Prozent verdünnen.

GEWÖHNL.SEIFENKRAUT

Saponaria officinalis. Nelkengewächse (Caryophyllaceae)

An Bachufern, in Straßengräben, Brachen und Böschungen sehr geläufige Pflanze, die sich in dichten Gruppen weit ausbreitet. Die ovalen und lanzettlichen Blätter sitzen kreuzend gegenständig am Stängel.

Die aufrechten Stängel sind oft rot oder blaurot gefärbt und tra-

gen zartrosa oder weiße Blüten in dichten Trugdolden. Seifenkraut ist zwar eine verhältnismäßig weitverbreitete Pflanze, in manchen Gegenden aber schwer zu finden.

ANBAU

Vegetative Vermehrung erfolgt durch Rhizome in lockeren feuchten Böden. Im Allgemeinen gibt man sich nicht die Mühe, Seifenkraut anzubauen, sondern begnügt sich mit dem Sammeln von Wildpflanzen.

Aufgrund ihres starken Saponingehalts besitzt Seifenkraut ein nicht zu verachtendes Benetzungs- und Fixiervermögen. Bei der Herstellung des Fermentationsextraktes schäumt Seifenkraut besonders stark. Dieser

EIGENSCHAFTEN

Insektizid, Insektenabwehrmittel. Starker Saponingehalt.

VERWENDUNG

Tee (100 g frische Pflanzen auf 1 l Wasser). Unverdünnt sprühen.
Dieser Tee durchdringt die Kokons blattfressender Raupen dank der Saponoside (eigentlich Tenside). Seifenkraut kann zu Pfefferminze, echtem Salbei und Weinraute hinzugefügt werden.
Fermentierter Extrakt: 1 kg blühende Pflanzen auf 10 l Wasser. Auf 10 Prozent verdünnen.

Schaum hat mit den während der Fermentation aufsteigenden Bläschen nichts zu tun.

GROSSE KAPUZINERKRESSE

Tropaeolum majus. Kapuzinerkressengewächse (Tropaeolaceae)

Diese schöne und üppig rankende oder bodenbedeckende Pflanze ist an ihren schildförmigen, fast runden zartgrünen Blättern leicht erkennbar. Blütezeit von Juni bis zum ersten Frost; schöne rote oder orangefarbene Blüten in Form eines Helmes mit einem geraden Sporn.

ANBAU

Aussaat April bis Mai direkt vor Ort. Die Samen der Kapuzinerkresse können wiederholt eingesammelt und wieder ausgesät werden. Kapuzinerkresse zieht bestimmte Blattlaussorten stark an. Aber das ist kein Grund zur Besorgnis. In Verbindung mit Obstbäumen,

Tomaten (zur Bekämpfung von Mehltau), Radieschen (aus Geschmacksgründen), Kartoffeln und Kürbissen ist Kapuzinerkresse sehr nützlich.
Die Blätter, Knospen, Blüten und jungen Früchte der Kapuzinerkresse sind essbar (als Salat und wie Kapern zubereitet). Es gibt keinen Grund, darauf zu verzichten, diese Pflanze wächst in großen Mengen!

EIGENSCHAFTEN

Fungizid zur Bekämpfung von Obstbaumkrebs. Wehrt in Mischkulturen Mottenschildläuse (Weiße Fliegen) ab.
Wirkstoffe: schwefelhaltige sekundäre Metaboliten.

VERWENDUNG

Verwendete Teile: frisch gepflückte Blätter.
Tee: 1 kg frisch gepflückte Blätter auf 5 l Wasser. Unverdünnt zur Bekämpfung von Obstbaumkrebs versprühen. Zur Vorbeugung von Mehltau werden Tomaten mit einem verdünnten Tee (1 : 3) besprüht.

Pflanzen, die dem Gärtner helfen

GR. KLETTE

Arctium lappa.
Korbblütler (Asteraceae)

Große zweijährige Pflanze mit breiten Blättern mit aschgrauer Unterseite und abgerundeten gestielten Grundblättern. Sie ist vor allem für ihre Blumenköpfe und Fruchtstände bekannt, deren Widerhaken hartnäckig an der Kleidung und im Fell von Tieren hängen bleiben.

ANBAU

Es genügt, die in mehr oder weniger dichten Gruppen wild wachsenden großen Kletten auf unbebautem Gelände, Brachland, oder an Wegrändern zu sammeln. Genau wie Brennnesseln und Holunder gehört die Große Klette zu den Nitrophyten.

Die getrockneten Blätter von Großer Klette und Echtem Salbei werden direkt als Mulch am Boden verteilt, um der Kraut-

und Knollenfäule der Kartoffel entgegenzuwirken.

EIGENSCHAFTEN

Strukturgebende Pflanze, die auf Boden und Vegetation stimulierend wirkt. Fungizid. **Wirkstoffe:** Gerbsäure (Tannin), Pflanzenschleim, Harze, Kalium-, Kalk- und Magnesiumsulfat und -phosphat. Die Wurzel enthält die meisten Wirkstoffe.

VERWENDUNG

Verwendete Teile: ganze Pflanze einschließlich Wurzel vor der Blütezeit.
Die frisch gepflückte Pflanze als **fermentierter Extrakt** (1 kg auf 10 l). Achtung: Diese Mischung verbreitet bereits nach kurzer Zeit einen sehr unangenehmen

Geruch, also bitte überwachen! Die Blätter der Kartoffelpflanzen mit einer Verdünnung von 5 Prozent besprühen, um sie vor Kraut- und Knollenfäule zu schützen. Bei großer Hitze ermöglicht dieser Extrakt, den Flüssigkeitshaushalt besser zu regulieren.

KREUZBLÄTTRIGE WOLFSMILCH

Euphorbia lathyris. Wolfsmilchgewächse (Euphorbiaceae)

Robustes Staudengewächs mit steifen, silberfarbenen Blättern an der Unterseite. Wuchshöhe zum Zeitpunkt der Blüte: 1 m.

ANBAU

Im Frühjahr werden die Pflanzen im Topf bei Gartencentern oder bei einem auf Staudengewächse spezialisierten Fachhändler besorgt. Ordnen Sie jeweils 3 bis 5 Pflanzen in Gruppen an, wobei zwischen diesen Gruppen ein Abstand von 50 bis 60 cm eingehalten werden muss. Die Samen der kreuzblättrigen Wolfsmilch können

eingesammelt und im Frühjahr neu ausgesät werden. Diese Pflanze ist äußerst robust. Sonnige Lage. Gewöhnliche Erde.

Achtung: Wenn die Haut mit Wolfsmilch in Berührung kommt, kann dies Reizungen hervorrufen. Tragen Sie immer Handschuhe!

EIGENSCHAFTEN

Hält Wühlmäuse und Maulwürfe fern.
Wirkstoff: Euphorbon.
Ersatzweise kann Schwarzer Holunder oder Zwergholunder verwendet werden, deren Wirkung aber nicht so lange anhält.

VERWENDUNG

Es werden die Stängel und Blätter verwendet, da die Enden am meisten Wirkstoff enthalten. Die kreuzblättrige Wolfsmilch wird zwischen April und Oktober geerntet.
Fermentierter Extrakt (800 g frische Pflanzen auf 10 l Wasser). Wird rund um die Anbaubereiche versprüht.

LAVENDEL

Lavandula officinalis.
Lippenblütler (Lamiaceae)

Lavendel ist eine gut bekannte aromatische Heilpflanze. Echter Lavendel wächst als kleiner dichter Busch, der bis zu 80 cm hoch wird und aus dem im Sommer blasslila Blüten hervorragen. Lavandin ist eine üppig wachsende Hybridpflanze, die aber weit weniger wirksam ist.

ANBAU

Lavendel ist zwar in der Lage sich an zahlreiche Lebensbedingungen anzupassen, zieht aber einen gut drainierten (sogar kalkhaltigen!), eher trockenen Boden und einen sonnigen Standort vor. Nach der Blütezeit wird Lavendel stark zurückgeschnitten.

Wichtiger Hinweis: Sie können nicht davon ausgehen, dass in gemäßigteren Klimazonen gesammelter Lavendel die gleichen Eigenschaften aufweist wie eine im Mittelmeerraum gewachsene Pflanze.

EIGENSCHAFTEN
Insektizid, Insektenabwehrmittel.
Wirkstoffe: Lavendelöl enthält über 250 verschiedene Komponenten!

VERWENDUNG
Als Tee: 100 g frische Pflanzen auf 1 l Wasser. Unverdünnt verwenden.
Als fermentierter Extrakt: 1 kg frische Pflanzen auf 10 l Wasser, anschließend auf 10 Prozent verdünnen. Wenn Sie getrockneten Lavendel verwenden, müssen die Mengen bei Tee auf 20 g und beim fermentierten Extrakt auf 200 g reduziert werden.

LÖWENZAHN

Taraxacum officinale. Korbblütler (Asteraceae)

Löwenzahn trägt seinen Namen zu Recht, denn die in einer Rosette wachsenden Blätter sehen dem Gebiss der Raubkatze zum Verwechseln ähnlich. Die gelben Blüten weisen einen dichten Kopf auf und bieten besonders im Frühjahr ein sehr schönes und üppiges Bild. Wiesenpflanze, die mehr oder weniger in ganz Europa weitverbreitet ist. Starke Variabilität der Arten. Sehr dynamische, manchmal invasive Art.

ANBAU

Löwenzahn wurde lange als Salat angebaut. Heute wird das Sammeln von wild wachsenden Pflanzen bevorzugt. Dabei ist der Anbau von Löwenzahn einfach und mit dem von Kopfsalat vergleichbar: Löwenzahn bevorzugt einen leichten humushaltigen Boden, reichlich Wasser, kann sich aber auch sehr gut an die jeweiligen Gegebenheiten anpassen. In Verbindung mit anderen Pflanzen kann Löwenzahn das Wachstum benachbarter Pflanzen hemmen, wenn sie zu nahe stehen.

EIGENSCHAFTEN
Als Fermentationsextrakt regt Löwenzahn sowohl den Boden als auch die Vegetation an.
Wirkstoffe: Salizylsäure, Kalium, Ethylen usw. Die im bitteren Latex enthaltenen Wirkstoffe sind in der Wurzel höher konzentriert.

VERWENDUNG
Die Pflanze wird ganz geerntet und kann getrocknet werden. Die Wurzeln müssen separat getrocknet werden, nachdem sie in feine Stücke geschnitten wurden.
Als fermentierter Extrakt: 1 kg auf 10 l Wasser. Auf 20 Prozent verdünnen.

MEERRETTICH

Armoracia rusticana.
Kreuzblütengewächse (Brassicaceae)

Diese ursprünglich aus Zentralasien stammende Pflanze wurde im Mittelalter als starkes Gewürz verwendet. Heute kommt Meerrettich nur noch in wenigen Ländern in der Küche zum Einsatz. Er ist oft in verwilderter Form auf Schutthaufen, an Mauersockeln und feuchten Orten anzutreffen. Die Pflanze kann 1,30 m hoch werden, die Blätter sind lang (40 cm) und rundherum stark gekerbt. Die fleischige Wurzel erreicht 1 m Tiefe.

ANBAU
Meerrettich wächst am besten in tiefen, feuchten Böden, die aber gut drainiert sein müssen. In diesem Fall ist eine sonnige Lage empfehlenswert. Meerrettich vermehrt sich über Wurzelstücke (ein kleines Stück genügt), die im Frühjahr gepflanzt werden. Genau wie bei Rhabarber und der Großen Klette muss beim Pflanzen von Meerrettich auf die Mondphasen geachtet werden. Uns interessieren die Blätter: Bevorzugen Sie den zunehmenden Mond an Blatttagen. Wird Meerrettich zu einem ungünstigen Zeitpunkt gepflanzt, vegetiert er jahrelang dahin und die Blätter sind oft nicht verwertbar.

Die weißen Meerrettichblüten strömen einen starken Geruch aus, produzieren aber keine Samen. Die Pflanze vermehrt sich ausschließlich über ihre Wurzeln.

EIGENSCHAFTEN
Fungizid. Meerrettichblätter wirken gegen Fruchtfäule (Moniliose), eine besonders bei Kirschbäumen häufige Krankheit.
Wirkstoffe: S-Glykosid, Glucosinolat (schwefeliger sekundärer Metabolit).

VERWENDUNG
Als Tee: 300 g Blätter und Wurzeln auf 10 l Wasser, anschließend unverdünnt auf den gesamten Baum versprühen.
Fermentierter Extrakt: 100 g Wurzeln auf 10 l Wasser, kurze Fermentation. Unverdünnt gegen Wurzelfäule (Umfall- bzw. Keimlingskrankheit) verwenden. Meerrettich kann in der Nähe von Kirschbäumen gepflanzt werden.

OREGANO

Origanum vulgare.
Lippenblütler (Lamiaceae)

Ovale, behaarte Blätter (im Gegensatz zu Majoran, der unbehaart und weniger aktiv ist), dunkelgrün. Purpurfarbener, kompakter Blütenstand. Die Blüten ziehen besonders Schmetterlinge an.

ANBAU
Oregano eignet sich für den Anbau, aber man findet ihn leicht in der Natur. Wenn diese Pflanze nicht in Ihrer Region wächst, genügt es, Samen zu säen oder, wenn es schnell gehen soll, einen kleinen Setzling zu besorgen. Immer mehr Gärtner bieten wild gewachsene Pflanzen zum Kauf an. Oregano benötigt Wärme und Licht und wächst vorzugsweise auf kalkhaltigen Böden.

EIGENSCHAFTEN
Der vorbeugende Einsatz von Oregano ermöglicht Pflanzen, sich besser zu entwickeln, ohne unerwünschte Schädlinge anzulocken. An heißen Tagen ist von einer Behandlung von Pflanzen mit Oregano abzusehen; auch darf er nicht zugleich mit Jauchen zum Einsatz kommen. Oregano wirkt darüber hinaus fungizid (Rußtau), vorzugsweise als vorbeugende Maßnahme.
Wirkstoffe: Phenole (Thymol, Carvacrol).

VERWENDUNG
Die ganze Pflanze (Blätter und Blüten) wird geerntet und kann getrocknet werden.
Als Tee: 250 g trockene Pflanzen bzw. 1 kg frische Pflanzen auf 10 l kaltes Wasser. Das Gemisch auf 90 °C erhitzen, anschließend von der Feuerstelle nehmen und abkühlen lassen. Auf 10 Prozent verdünnen.

PFEFFERMINZE

Mentha piperita. Lippenblütler (Lamiaceae)

Natürliche Kreuzung zwischen Wasserminze (*Mentha aquatica*) und Grüner Minze (*Mentha spicata*). Purpurrote Blüte. Roter Stängel (daran ist sie leicht zu erkennen). Lässt sich sehr leicht anbauen. Achtung, aufgrund ihrer Rhizome ist Pfefferminze eine invasive Pflanze.

Minzeextrakt schränkt das Keimvermögen ein: Gemüsesaaten dürfen nicht damit besprüht werden.

EIGENSCHAFTEN

Insektenabwehrend und -bekämpfend, wirkt bei grünen, schwarzen und mehligen Blattläusen.

VERWENDUNG

Als Tee: 100 g frische Pflanzen (Blätter mit oder ohne Blüten) auf 1 l Wasser. Abkühlen lassen und unverdünnt versprühen.
Fermentierten Extrakt (sehr schnelle Fermentation) auf 10 Prozent verdünnen.

RAINFARN

Tanadetum vulgare.
Korbblütler (Asteraceae)

Mehrjährige Pflanze, deren Stängel gefiederte Blätter aufweisen und von gelben Blüten bekrönt sind, die wie Margeriten ohne Blütenblätter aussehen.

ANBAU

Halbsonnige bis sonnige Standorte. Rainfarn regt das Wachstum von Rosenstöcken und Himbeersträuchern an.

Rainfarn hemmt den Gärungsprozess im Komposthaufen. Deshalb keine Extraktrückstände auf den Kompost werfen.

EIGENSCHAFTEN

Insektenabwehrend, insektizid, fungizid (Rost und falscher Mehltau).

VERWENDUNG

Gegen Johannisbeerrost und Schwarzen Johannisbeerrost. Fermentationsextrakt (1 kg auf 10 l Wasser). Unverdünnt gegen Kohlfliegen.
Tee (30 g Blüten auf 1 l Wasser), unverdünnt zur Bekämpfung von Blattläusen und Mehltau (Tomate).

Sonderfall Lippenblütler

In dieser Pflanzenfamilie sind zahlreiche Gewürz- und Heilpflanzen vertreten. Allein aus diesem Grund haben sie ihren Platz im Garten verdient, zumal sie auch in der Liste der Heilpflanzen an oberster Stelle stehen: Lavendel, Melisse, Minze, Salbei. Derzeit laufende Studien lassen vermuten, dass Basilikum, Katzenminze (*Nepeta*) und Ysop ein wertvoller Bestandteil der grünen Apotheke sind. Die ätherischen Öle dieser Pflanzen werden ebenfalls getestet. Aber Vorsicht ist geboten, denn es handelt sich hierbei um extrem aktive Wirkstoffe, deren Anwendung große Sorgfalt erfordert, insbesondere bei den Verdünnungen. Hier reicht es nicht, sich nur auf die reine Erfahrung zu stützen. Darüber hinaus stiftet die Fermentation der Lippenblütler aus mehreren Gründen Verwirrung, so kann zum Beispiel Zitronenmelisse mehrere Monate lang fermentieren! Zu anderen Zeitpunkten können diese Pflanzen laufende Fermentationen stoppen, wenn sie diesen hinzugefügt werden. Nehmen Sie sich folgenden Rat zu Herzen: Stellen Sie die Extrakte separat her, bevor Sie sie vermischen, nicht umgekehrt. Nur so entsteht eine richtige Synergie und die Wirkungen heben sich nicht gegenseitig auf.

RHABARBER

Rheum rhaponticum. Knöterichgewächse (Polygonaceae)

Mehrjährige Pflanze, die ursprünglich aus China und Tibet stammt, 1,50 m Wuchshöhe. Große Blätter, deren Blattstiele eingekerbt sind. Die cremefarbenen Blüten stehen in Rispen.

ANBAU

Rhabarber liebt große Pflanzlöcher und guten Dünger (hauseigener Kompost und gut verrotteter organischer Dünger). Bei kalkhaltigem Boden werden an der Oberfläche vier Handvoll

Basaltpulver mit 10 % Magnesium hinzugefügt. Rhabarber soll nicht direkter Sonneneinstrahlung ausgesetzt werden. Bei großer Hitze kann Mulchen sinnvoll sein, aber wegen der Wühlmäuse ist Vorsicht geboten!

Die zur Zubereitung von Kaltauszügen verwendeten Blätter sind giftig und je nach Konzentration der Oxal- und Zitronensäure sogar tödlich. Nur die Blattstiele sind zum Verzehr geeignet!

EIGENSCHAFTEN

Insektenabwehrend gegen Blattläuse, Raupen und Larven verschiedener Insekten. Abwehrmittel.
Wirkstoff: Oxalsäure in Form von Kalziumoxalat-Kristallen (schützt vor Pflanzenfressern).

VERWENDUNG

Kaltauszug (500 g Blätter auf 3 l Wasser; 24 Stunden stehen lassen). Dreimal täglich an drei Tagen unverdünnt spritzen. Nacktschnecken und „nagende" Insekten werden ferngehalten, indem getrocknete gehäckselte Blätter am Boden verteilt werden oder der Boden mit einem Blätter-Kaltauszug gegossen wird.

SAND-THYMIAN

Thymus serpyllum.
Lippenblütler (Lamiaceae)

Mehrjährige Pflanze, die sich am Boden entwickelt und kleine ovale, kreuzgegenständig angeordnete Blätter aufweist. Die Blüten sind violett. Die gesamte Pflanze duftet stark. Sie wächst auf sonnigen, eher kalkhaltigen Böden.

EIGENSCHAFTEN

Sand-Thymian und Oregano sind komplementäre Pflanzen. Sand-Thymian trägt viel zur Erhaltung bzw. Genesung von Gartenpflanzen bei. Dies ist mit der elektromagnetischen Wirkung ihrer phenolhaltigen Stoffe zu begründen, durch die Schädlinge in die Irre geführt werden. Sand-Thymian wirkt der Entwicklung von Pilzen (falscher Mehltau, Schorf oder Phytophthora) entgegen.
Wirkstoffe: Thymol, Carvacrol (Phenole).

VERWENDUNG

Geerntet werden die beblätterten Stängel mit der Blüte. Man kann die Pflanze trocknen lassen.
Als Tee: Zubereitung wie Oregano. Sand-Thymian kann in Verbindung mit Oregano verwendet werden: 125 g pro getrocknete Pflanze bzw. 500 g pro frisch gepflückte Pflanze.

ANBAU

Das Sammeln wild wachsender Pflanzen wird bevorzugt, aber Sand-Thymian kann auch angebaut werden. Er ist in Form von Jungpflanzen erhältlich.

SCHACHTELHALM

Equisetum arvense. Schachtelhalmgewächse (Equisetaceae)

Mehrjährige Pflanze mit kräftigen, reich verzweigten Rhizomen und hohen Stängeln, die 20–60 cm hoch werden. Zwischen März und April erscheinen rötliche Stängel. An deren Stelle wachsen anschließend sterile Stängel, die geerntet werden.

ANBAU

Der Schachtelhalm lässt sich nicht anbauen und muss daher wild wachsend geerntet werden. Die natürliche Bepflanzung von Ackerschachtelhalm ist sehr verstreut.

Ackerschachtelhalm oder Sumpfschachtelhalm? Die Polemik hält an. So mancher behauptet, nur Ackerschachtelhalm sei wirksam, zögert aber keinen Augenblick, getrockneten Schachtelhalm für seine Zubereitungen zu kaufen, obwohl es sich dabei um eine Mischung aus verschiedenen Sorten handelt. Die Frage bleibt also unbeantwortet …

EIGENSCHAFTEN

Insektenabwehrend, wachstumsfördernd (kräftigend!). Fungizid bei vorbeugender Behandlung. Wirkstoffe: verschiedene Alkaloide; Nikotinsäure. Kieselsäureanhydrid spielt eine wichtige Rolle.

VERWENDUNG

Brühe (250 g trockenen Schachtelhalm in 10 l Wasser 30 min kochen und über Nacht ziehen lassen). Als 20 %ige Verdünnung verwenden. Eine Brühe, die länger als 30 min gekocht hat, ergibt nicht mehr als 125 ppm Kieselsäureanhydrid. Als Fermentationsextrakt (250 kg trockener Schachtelhalm auf 10 l Wasser. Vor dem Versprühen wird der Extrakt auf 5 % verdünnt). Vincent Mazière lässt Schachtelhalm einen Tag ziehen, bevor er ihn zum Fermentieren bringt, um den Kieselsäureanhydridertrag zu maximieren.

SCHAFGARBE

Achillea millefolium.
Korbblütler (Asteraceae)

Mehrjährige Pflanze, Wuchshöhe 30–60 cm. Längliche fein gefiederte Blätter mit stark aromatischem Duft. Die doldigen Blüten sind weiß oder rosa, Blütezeit von Mai bis Oktober.

ANBAU

Schafgarbe wächst so ziemlich überall. Wenn Sie sie selbst anbauen wollen, dann wenden Sie sich an einen spezialisierten Pflanzenzüchter. Von Produkten aus dem Gartenhandel wird abgeraten, da diese nicht die erwünschte Wirkung hätten. Diese widerstandsfähige Pflanze passt, so wie sie ist, bestens in Blumenbeete. Allerdings wird sie häufig von wilden Möhren verdrängt, die große Ähnlichkeit aufweisen.

EIGENSCHAFTEN

Fördert Kompostierung, verstärkt die Wirkung von fungiziden Zubereitungen. Wirkstoffe: flüchtiges Öl (u. a. Proazulen); Isovalerian- und Salizylsäure (Botenstoff der Parasiten-Widerstandsfähigkeit).

VERWENDUNG

Kaltextrakt: 20 g getrocknete Blüten in 1 l Wasser 24 Stunden einweichen. Der Extrakt wird in 10 l Fungizid-Zubereitung geschüttet (zum Beispiel Schachtelhalm oder Rainfarn). 250 g getrocknete Blüten in 10 l kaltem Wasser auf 80 °C erhitzen, vom Feuer nehmen und abkühlen lassen. Auf 10 Prozent verdünnen. Eigenschaft des Tees: Trägt in Verbindung mit Baldrianblüten dazu bei, Blumen vor Frost zu schützen (bis −3 °C).

SCHWARZER HOLUNDER

Sambucus nigra. Geißblattgewächse (Caprifoliaceae)

Strauch, der im Frühling blüht (weiße, wohlduftende Blüten). Fruchtbildung im Sommer: schwarze, säuerlich schmeckende Beeren.

ANBAU

Schwarzer Holunder wird meist von wild wachsenden Sträuchern gesammelt, die man überall in der Landschaft antrifft.

Der im Zwerg-Holunder (*Sambucus ebulus*) enthaltene Wirkstoff ist noch konzentrierter als bei Schwarzem Holunder, die abwehrenden Wirkungen scheinen stärker zu sein.

EIGENSCHAFTEN

Starkes Abwehrmittel. Fungizid, Insektizid. Wirkstoff: Sambucin.

VERWENDUNG

Brühe (1 kg Blätter werden 24 Stunden in 10 l Wasser eingeweicht und anschließend 30 min lang gekocht). Die Brühe wird unverdünnt zur Bekämpfung von Erdflöhen, Eulenfaltern (Raupen) und Blattläusen eingesetzt. Fermentationsextrakt (1 kg auf 10 l Wasser). Unverdünnt als Abwehrmittel und zur Bekämpfung von Holzporlingen in 10-prozentiger Verdünnung. Tee: 250 g getrocknete Blätter auf 10 l kaltes Wasser. Auf 80 °C aufkochen, dann abkühlen lassen. Auf 10 Prozent verdünnen.

TAGETES MINUTA (ODER HUACATAY)

Korbblütler (Asteraceae)

Diese Pflanzen können in manchen Regionen bis zu vier Meter hoch wachsen. Winziger gelber Blütenstand, daher die Bezeichnung „minuta". Das Wachstum dieses Korbblütlers verläuft besonders langsam. Die blassgrünen Blätter sind mehrteilig und weisen eine feine Randzähnung auf.

ANBAU

Nach der Aussaat muss mit sieben Monaten bis zur Blüte gerechnet werden.

Diese Pflanze kann vor dem Anbau von Kulturpflanzen ausgesät werden, weil sie wie ein Unkrautvernichtungsmittel

wirkt. Das Wachstum von Adventivpflanzen (Unkraut) wird so verhindert und gleichzeitig der Boden neu strukturiert.

EIGENSCHAFTEN

Die Tagetes minuta erzeugt Wurzelexsudate mit stark nematizider Wirkung. Diese Schwefelverbindungen sind denen der türkischen Nelke (Studentenblume) ähnlich.
Wirkstoffe: Schwefelverbindungen.

VERWENDUNG

Tee (90 °C) aus der gesamten Pflanze. Die Pflanzen werden gesammelt, sobald die Blüten verblüht sind. 250 g getrocknete Pflanzen auf 10 l kaltes Wasser. Auf 90 °C erhitzen, anschließend vom Feuer nehmen. Der Tee wird auf 10 Prozent verdünnt, bevor er auf die zu schützenden Pflanzen gesprüht wird. Systemische Wirkung.

WEINRAUTE

Ruta graveolens.
Rautengewächse (Rutaceae)

Diese Pflanze ist seit langer Zeit für ihre abortive Wirkung bekannt. Sie bildet kleine dichte aufrechte Büsche, die Wuchshöhen zwischen 50 bis 80 cm erreichen. Schöne grünblaue Blätter. Gelber Blütenstand von Mai bis Oktober. Liebt trockenes Gelände und Hänge.

ANBAU

Weinraute wird auf einem trockenen und kargen Boden an einem sonnigen Platz gepflanzt, um eine starke Konzentration der Wirkstoffe zu erreichen. Drei Pflanzen genügen, um den Bedarf eines Gartens abzudecken. Die Pflanze wird sowohl frisch als auch trocken verwendet.

EIGENSCHAFTEN

Abwehrwirkung, Insektizid. **Wirkstoffe:** ätherisches Öl, Glycosid, Tannin (Gerbstoff), Apfelsäure, Glukoside usw.

VERWENDUNG

Verwendete Teile: frische Blätter und Stängel vor der Blüte. **Fermentationsextrakt:** 800 g Blätter werden in 10 l Wasser 10 Tage stehen gelassen. Der Auszug wird auf 20 Prozent verdünnt und als Abwehrmittel auf Nacktschnecken und verschiedene Schädlinge gesprüht. Vernichtet Blattläuse. Weinraute, Lavendel, Melisse und Pfefferminze können zusammen als Fermentationsextrakt eingesetzt werden, die Zubereitung erfolgt jedoch getrennt. **Als Tee:** 250 g getrocknete Weinraute oder 1 kg frische Weinraute auf 10 l kaltes Wasser. Auf 90 °C erhitzen, anschließend abkühlen lassen. Auf 10 Prozent verdünnen. Wirkt gegen (ausgewachsene) Kartoffelkäfer, Rüsselkäfer und Hausbock.

Der starke Geruch hält nicht nur Katzen, sondern auch Insekten fern (in Blumentöpfen schützt die Pflanze vor Fliegen und Bremsen). Während der Blütezeit kann die Berührung der Pflanze bei empfindlichen Personen schwere Allergien auf der Haut hervorrufen, auch in zerstoßener Form.

WERMUTKRAUT

Artemisia absinthium. Korbblütler (Asteraceae)

Robustes Staudengewächs, dessen Blätter an der Unterseite silberfarben sind. Bei Berührung der Pflanze strömt ein aromatischer Duft aus. Wuchshöhe zum Zeitpunkt der Blüte: 1,5 m. Wermut wächst häufig in der Nähe von alten Bauernhöfen und auf Brachland und zeigt gegenüber vielen Pflanzen, Gemüsesorten und sogar Rosen höchst unterschiedliche Wirkungen.

ANBAU

Aussaat: März bis April (Samen sind leicht erhältlich).

Nach anderthalb Monaten werden die Jungpflanzen ausgesetzt. Das Pflanzgut bekommen Sie in Gartencentern und bei Erzeugern von Duftpflanzen. Pflanzabstand: 40 cm in alle Richtungen.
Äußerst widerstandsfähig. Sonnige Lage.
Gewöhnliche bzw. nährstoffarme und trockene Erde.
Übermäßige Feuchtigkeit ist zu vermeiden.
Besondere Pflegetipps: Im Frühjahr wird Wermut zwecks Regeneration stark zurückgeschnitten. Nach drei bis vier

Jahren ist eine neue Aussaat erforderlich.

Achtung: Wermut verhindert die Fermentation von Kompost, daher dürfen die Abfälle nach der Zubereitung keinesfalls dort landen.

Insektenabwehrend (wird insbesondere zum Zeitpunkt der Eiablage von Weißlingen und Apfelwicklern beobachtet). Fungizid (bekämpft Johannisbeerrost).

VERWENDUNG

Verwendeter Teil: Stängel und Blatt, frisch oder getrocknet.

Ernte: zu Beginn der Blütezeit, sobald die Blüten richtig gelb sind (Juni bis Juli je nach Region und Jahr).

Fermentierter Extrakt (1 kg frische Pflanzen in 10 l Wasser). Zur Bekämpfung von Johannisbeerrost wird dieser Extrakt unverdünnt eingesetzt. Gegen Weißlinge und Apfelwickler empfiehlt sich eine auf 10 Prozent verdünnte Lösung. Der Extrakt vertreibt Nacktschnecken, wenn er unverdünnt auf den Boden gesprüht wird.

Tee: 250 g getrockneten bzw. 1 kg frischen Wermut in 10 l kaltem Wasser auf 90 °C erhitzen, beiseite stellen und abkühlen lassen. Auf 10 Prozent verdünnen.

ZITRONENMELISSE

Melissa officinalis. Lippenblütler (Lamiaceae)

Mehrjährige krautige Pflanze mit einer Wuchshöhe zwischen 30 und 80 cm, die seit Langem in Gärten wächst. Die gesamte Pflanze strömt einen sanften Duft aus, der an Zitrone erinnert.

ANBAU

Die Pflanze benötigt einen frischen feuchten Boden. Die Samen der Zitronenmelisse können eingesammelt und im Frühjahr neu ausgesät werden.

Bitte keinen Zitonenmelissentee auf Gemüsesamen gießen, da dies ihre Keimfähigkeit einschränkt!

EIGENSCHAFTEN

Insektenabwehrend (Blattläuse, Stechmücken, Schildläuse, Ameisen).

VERWENDUNG

Als Tee: 50 g frische Pflanzen (Blätter und Blüten) auf 1 l Wasser. Abkühlen lassen und unverdünnt versprühen. Fermentierter Extrakt ist in der Versuchsphase.

Einige Ansätze ...

Über die genannten Pflanzen hinaus, zu denen bereits seriöse Versuche durchgeführt wurden, scheinen auch die hier folgenden Arten interessante Perspektiven zu bieten.

- **Zwiebel:** gegen die Möhrenfliege (fermentierter Zwiebelschalenextrakt).
- **Thymian:** vertreibt am Rand des Beetes gepflanzt offenbar Blattläuse und stört Kohlweißlinge.
- **Kartoffel:** Unverdünnt eingesetztes Kartoffel-Kochwasser vertreibt Blattläuse.
- **Tagetes:** Die kleine türkische Nelke sieht nicht nur schön aus, sie vertreibt auch die winzig kleinen Fadenwürmer, die den Boden auslaugen. Der Geruch von Tagetes verscheucht zudem Blattläuse.
- **Tomate:** Schnell fermentierter Tomatenextrakt (2 Handvoll beim Schnitt Ihrer Tomatenpflanzen zurückbehaltene Triebe einige Tage lang in 2 l Wasser); vertreibt Mottenschildläuse (Weiße Fliegen) aus Gewächshäusern.
- **Brokkoli und Grünkohl:** Fermentierter Extrakt (3 kg Blätter in 10 l Wasser, zu 20 % verdünnt) vertreibt Erdflöhe von Kohl und Rettich.
- **Kamille:** verstärkt als Tee (50 g Trockenblüten in 10 l Wasser) die Widerstandskraft gegen Krankheiten. Kann in Verbindung mit pilztötenden Mitteln eingesetzt werden.
- **Ringelblume:** wirkt als fermentierter Extrakt kräftigend und gesundheitsfördernd auf Tomaten und Kohl.
- **Rote Beete:** Ihr fermentierter Extrakt verleiht Rasen neuen Schwung, wenn Sie ihn zu 10 % verdünnt beim Sprengen verwenden.

Anbauen oder sammeln?

IM GARTEN ANZUBAUEN
Wermutkraut, Schafgarbe, Knoblauch, Kapuzinerkresse, Beinwell, Wolfsmilch, Lavendel, Zitronenmelisse, Minze, Löwenzahn, Dalmatinische Insektenblume, Meerrettich, Rhabarber, Raute, Salbei.

ZUM SAMMELN
Adlerfarn, Efeu, Brennnessel, Löwenzahn, Klette, Schachtelhalm, Ampfer, Seifenkraut, Holunder, Rainfarn, Baldrian.

Die oben genannten Pflanzen stellen eine Auswahl von Arten dar, deren Wirkung bereits relativ gut bekannt ist. Einige von ihnen sind reichlich in der Natur zu finden, andere – wie Brennnessel oder Klette – eher in Siedlungsnähe, zum Beispiel um alte Bauernhäuser oder Stallungen herum.

In der Natur zu ernten

Außer, wenn Sie in Ihrem Garten eine brachliegende Fläche haben (die beste Art, jede Menge Nutztiere anzuziehen!), werden sich Pflanzen wie Schachtelhalm, Klette, Adlerfarn, Seifenkraut oder Baldrian kaum spontan ansiedeln.
Diese finden Sie bevorzugt in der Natur, vor allem in Hecken und Gräben oder auf Wildwiesen. Vermeiden Sie dabei verschmutzte Stellen (weniger als 20 m von stark befahrenen Straßen). Gehen Sie beim Pflücken sparsam vor ... und denken Sie daran, sich die Erlaubnis des Grundbesitzers einzuholen.
Brennnessel, Ampfer und Löwenzahn sind häufig in den Ecken von wenig gepflegten Gärten zu finden. Greifen Sie also nicht gleich zum Freischneider, denn jetzt wissen Sie, wie nützlich diese Pflanzen sind.

Im Garten zu pflücken

Alle anderen Pflanzen können als Zier- oder Nutzpflanzen im Garten gehalten werden. Am besten siedeln Sie sie in einem großen Beet direkt am Gemüsegarten an. Denken Sie daran, Kompost beim Pflanzen und später als Mulch einzubringen; so steigern Sie die Menge der vorhandenen Wirkstoffe.

Richtige Vorratshaltung

Für einen einfachen Umgang mit Ihrer „grünen Apotheke" empfiehlt es sich, Brennnessel und Beinwell immer zur Hand zu haben. Beide können Sie aus Rhizomen oder Wurzelstöcken leicht ziehen. Adlerfarn ist im Wald sehr verbreitet. Schachtelhalm werden Sie wahrscheinlich meistens bei einem Kräuterhändler erstehen. Eine Menge von 1 kg ist dabei absolut ausreichend.

Alle anderen Pflanzen ernten Sie, wenn Sie zufällig in der Natur auf ein reichliches und nachwachsendes Vorkommen stoßen. Danach produzieren Sie Ihre fermentierten Extrakte und füllen Sie nach dem Filtern zum Lagern in Kanister ab. Oder sie trocknen die Pflanzen, um sie zur Zubereitung von Aufgüssen, Brühen und für die Fermentation zur Verfügung zu haben. Dafür spannen Sie am besten auf der Nord- oder Ostseite Ihres Hauses unter einem Vordach eine Wäscheleine, an der Sie die mit einem Gummiband zu kleinen Bündeln zusammengefassten Pflanzen zum Trocknen aufhängen. Anschließend bewahren Sie sie in Papiertüten und vor Licht geschützt auf. Beschriften Sie die Tüten und vergessen Sie nicht, das Jahr anzugeben.

Stimulierende Pflanzen

Diese Pflanzen fördern das harmonische Wachstum anderer Pflanzen sowie das Vorhandensein von Bodenmikroben und regen das Abwehrvermögen der Pflanzen bei Schädlingsangriffen an. Echte Stärkungsmittel!

ADLERFARN	Ausgezeichnet als Abdeckung des Komposthaufens und als Mulch für Tomatenpflanzen.	Die frischen Blätter grob mit der Gartenschere zerkleinern (wehrt Nacktschnecken wirksam ab). Wenn Beinwellblätter einige Monate als Mulch gedient haben, können sie dem Komposthaufen hinzugefügt werden.
BEINWELL	Fördert das Keimen und Reifen von Tomaten, Sellerie und Kohl. Regt die Kompostierung an.	Fermentationsextrakt aus 1 kg frischen Pflanzen auf 10 l Wasser; einige Tage ziehen lassen. Auf 10 Prozent verdünnen, um einen löslichen Dünger für die Pflanzen herzustellen, für den Einsatz als Blattsprühmittel auf 5 Prozent verdünnen.
BRENN-NESSEL	Beschleunigt die Kompostierung. Stärkt die Pflanzen und bekämpft Chlorose. Fördert die Fotosynthese.	Fermentationsextrakt aus 1 kg frischen Pflanzen auf 10 l Wasser; einige Tage ziehen lassen und vor Einsetzen der Fäulnis verwenden. Zum Besprühen der Blätter auf 5 Prozent verdünnen, zum Gießen von Pflanzen und Kompost auf 10 Prozent verdünnen.
ECHTE KAMILLE	Mäßigt die Starkwüchsigkeit von Pflanzen. Verstärkt ihre Widerstandsfähigkeit.	Tee, der aus 50 g getrockneten Blüten und 10 l heißem Wasser hergestellt wird. Anschließend auf 5 Prozent verdünnen. Die in den Furchen gesäten Samen damit gießen. Der Tee kann auch Fungiziden hinzugefügt werden.
ECHTER BALDRIAN	Regt das Wachstum von Gemüse und Rosenstöcken an.	Fermentationsextrakt (1 kg Pflanze auf 10 l Wasser). Die Blätter einmal monatlich mit einer 5-prozentigen Verdünnung besprühen. Zum Gießen von Kompost in 10-prozentiger Verdünnung verwenden.
GROSSE KLETTE	Die Lieblingspflanze von Eric Petiot. Wird bei allen Pflanzen verwendet, die einer Kräftigung bedürfen.	Fermentationsextrakt aus 1 kg frischen Pflanzen auf 10 l Wasser; einige Tage ziehen lassen, anschließend auf 5 Prozent verdünnen und anwenden. Hoher Kaliumgehalt (wirkt zum Beispiel bei Rüben besonders gut).
LÖWEN-ZAHN	Verbessert die Bodenstruktur und reguliert das Pflanzenwachstum. Wird in der biodynamischen Landwirtschaft sehr häufig eingesetzt.	Fermentationsextrakt aus 1 kg frischen Pflanzen (Blattrosetten und Wurzeln, möglichst viele Blüten) auf 10 l Wasser; einige Tage einweichen ziehen lassen und vor der Fäulnis verwenden. Auf 20 Prozent verdünnen. Löwenzahn wird im Juni gesammelt und getrocknet.
OREGANO	Regt die Gesundheit der Pflanzen an.	Siehe S. 51.
RINGEL-BLUME	Stärkt die Pflanzen und verleiht ihnen Kraft, vor allem Kohl und Tomaten.	Fermentationsextrakt aus 1 kg frischen Pflanzen auf 10 l Wasser; einige Tage ziehen lassen und vor der Fäulnis verwenden. Zum Gießen in 10-prozentiger Verdünnung verwenden, vorzugsweise nach dem Regen.
SAND-THYMIAN	Regt die Gesundheit der Pflanzen an.	Siehe S. 53.
SCHAF-GARBE	Verbessert die Kompostierung. Verstärkt die Wirkung von Fungiziden und die Abwehrkraft.	Kaltextrakt: 20 g getrocknete Blüten auf 1 l Wasser 24 Stunden ziehen lassen. Der Extrakt wird als 10-prozentige Verdünnung zu fungiziden Zubereitungen gegeben (1 l Extrakt auf 9 l Wasser). Die Mischung 10 min umrühren.
TOMATE	Regt das Wachstum von Bohnen, Kohl, Petersilie, Zwiebeln an … und von Tomaten!	Fermentationsextrakt aus 1 kg Geiztrieben (Wassertriebe) auf 10 l Wasser; einige Tage ziehen lassen. Als 20-prozentige Verdünnung zum Gießen zu verwenden.

Pflanzen, die dem Gärtner helfen

Fungizide Pflanzen

Mit den Extrakten dieser Pflanzen können die Abwehrreaktionen der anderen Pflanzen angeregt werden. Sie werden vorbeugend eingesetzt, wobei empfindliche Pflanzen besonders oft damit behandelt werden.

AMPFER	Bekämpft Obstbaumkrebs (Apfel- und Birnbäume).	Tee (1 kg Blätter auf 5 l kochendes Wasser). Unverdünnt auf die vom Obstbaumkrebs befallenen Stellen sprühen.
ECHTER SALBEI	Bekämpft Kraut- und Knollenfäule von Kartoffeln.	Als Fermentationsextrakt (1 kg Blätter und Blüten auf 10 l Wasser). In einer 10-prozentigen Verdünnung versprühen.
GARTEN-KNOBLAUCH	Lindert Kräuselkrankheit von Pfirsichbäumen, Graufäule von Erdbeerpflanzen sowie Rost und Umfallkrankheit der Keimpflanzen.	Brühe aus 100 g gehackten Knoblauchzehen in 1 l Wasser; aufkochen lassen und eine Stunde ziehen lassen. Unverdünnt verwenden.
GROSSE KAPUZINER-KRESSE	Bekämpft Obstbaumkrebs und Tomaten-Mehltau.	Als Tee: 500 g Blätter mit 5 l kochendem Wasser übergießen und 10 min ziehen lassen. Unverdünnt bei Obstbaumkrebs verwenden, bei Tomaten ist eine Verdünnung auf 30 Prozent erforderlich.
GROSSE KLETTE	Bekämpft Kraut- und Knollenfäule von Kartoffeln.	Fermentationsextrakt aus Blättern und Wurzeln (1 kg auf 10 l Wasser) in einer 5-prozentigen Verdünnung auf Kartoffeln sprühen.
MEER-RETTICH	Fruchtfäule von Kirsch- und Zwetschgenbäumen	Tee (300 g Blätter und Wurzeln auf 10 l kaltes Wasser). Wird auf dem gesamten Baum versprüht.
RAINFARN	Bekämpft Tomatenrost und Kraut- und Knollenfäule von Kartoffeln.	Fermentationsextrakt aus 300 g getrockneten Pflanzen auf 10 l Wasser, drei Tage ziehen lassen. Zur Blattbesprühung auf 5 Prozent verdünnen.
SAND-THYMIAN	Falscher Mehltau, Schorf, Phytophthora	Siehe S. 53.
SCHACHTEL-HALM	Wirksam zur Bekämpfung von Fruchtfäule, Rost, Schorf, Kräuselkrankheit der Pfirsichbäume und bestimmten Virosen.	Brühe (250 g trockenen Schachtelhalm in 10 l heißem Wasser 1 Stunde kochen lassen). Auf 20 Prozent verdünnen. Die Pflanzen werden mit dieser Mischung vorbeugend ab Frühling und im Sommer besprüht, aber bei eher kühlem Wetter.
WERMUT-KRAUT	Zur Bekämpfung von Johannisbeerrost.	Fermentationsextrakt aus 1 kg frischen Pflanzen auf 10 l Wasser; einige Tage ziehen lassen. Zur Blattbesprühung auf 5 Prozent verdünnen.

Wirkung von fungiziden Präparaten verstärken

Schafgarben-Kaltextrakt (20 g getrocknete Blüten in 1 l Wasser 24 Stunden ziehen lassen) verstärkt die Wirkung von Fungiziden. 1 l Extrakt wird 9 l Zubereitung hinzugefügt. Die Mischung 10 min umrühren, um sie zu dynamisieren.

Repulsive (abstoßende) Pflanzen

Viele Insekten und Parasiten orientieren sich an dem von ihren Lieblingspflanzen ausgeströmten Geruch. Die nachstehend angeführten Pflanzen haben die Gabe, die Spuren zu verwischen und den Feind hinters Licht zu führen. Sollen sie doch woanders glücklich werden!

BRENN-NESSEL	Hält Blattläuse, Milben und Apfelwickler fern.	12 Stunden in kaltem Wasser ziehen lassen (1 kg auf 10 l), anschließend den unverdünnten Extrakt filtern und versprühen.
EFEU	Bekämpft Schildläuse, Milben und Blattläuse.	Als Fermentationsextrakt (1 kg Blätter auf 10 l Wasser). Befallene Pflanzen mit einer 5-prozentigen Verdünnung besprühen. Oder als unverdünnte Brühe verwenden (100 g/l).
GEWÖHNL. HANF	Abwehrwirkung gegen Kohlweißlinge	Es empfiehlt sich, einen Tee aus den Blättern (90 °C) oder eine Brühe der Samen oder Wurzeln zuzubereiten. (Siehe S. 47)
GROSSE KAPUZINER-KRESSE	Hält Mottenschildläuse (Weiße Fliegen) und Blattläuse fern.	Wirkt allein durch ihre Gegenwart, wenn in der Nähe von Rosenstöcken und Obstbäumen sowie am Rand des Gemüsegartens gepflanzt.
KREUZ-BLÄTTRIGE WOLFS-MILCH	Hält Nacktschnecken, Maulwürfe und Wühlmäuse fern.	Fermentationsextrakt aus 800 g zarten Trieben; einige Tage in 10 l Wasser einweichen. Unverdünnt rund um den Gemüsegarten und die Beete versprühen.
LAVENDEL	Hält zahlreiche Insekten fern.	Tee (100 g auf 1 l Wasser). Unverdünnt versprühen.
MINZE	Bekämpft grüne, schwarze und mehlige Blattläuse.	Tee aus 100 g frisch gepflückten Pflanzen auf 1 l Wasser. Unverdünnt versprühen.
RHABARBER	Hält Blattläuse, Raupen und Nacktschnecken fern.	Kaltauszug aus 500 g Blättern auf 3 l Wasser, 24 Stunden ziehen lassen. Dreimal unverdünnt versprühen.
SCHACHTEL-HALM	Hält Lauchwürmer und rote Spinnen (Spinnmilben) fern.	Fermentationsextrakt (250 kg trockener Schachtelhalm auf 10 l Wasser). Auf 20 Prozent verdünnen. Die befallenen Pflanzen vorzugsweise morgens besprühen.
SCHWARZER HOLUNDER	Hält Maulwürfe, Wühlmäuse und Feldmäuse fern.	Fermentationsextrakt aus 1 kg frischen Pflanzen auf 10 l Wasser; drei Tage ziehen lassen. Unverdünnt zum Gießen verwenden.
WEINRAUTE	Hält Nacktschnecken, Wühlmäuse, Feldmäuse, Katzen und Fliegen fern.	Kaltauszug aus 800 g frisch gepflückten Blättern auf 10 l Wasser; 10 Tage ziehen lassen. Auf 20 Prozent verdünnen. Achtung, die Pflanze enthält allergene Substanzen: Beim Pflücken empfiehlt sich das Tragen von Handschuhen.
WERMUT-KRAUT	Hält Kohlweißlinge, Nacktschnecken, Blattläuse und Obstwürmer fern.	Der Tee wird mit einer Handvoll frischer Blätter in 1 l Wasser hergestellt. Eine Viertelstunde ziehen lassen und eine 20-prozentige Verdünnung herstellen. Blühender Wermut ist am wirksamsten.
ZITRONEN-MELISSE	Insektenabwehrend (Blattläuse, Stechmücken, Schildläuse, Ameisen)	Tee aus 50 g frisch gepflückten Pflanzen in 1 l Wasser. Unverdünnt versprühen.

Rosenblattläuse
(Das Bild stammt aus dem Buch
„Les soins naturels aux arbres"
von Eric Petiot.)

Insektizide Pflanzen

Selbst wenn Sie Pflanzen mit Abwehrwirkung einsetzen, besteht nach wie vor die Gefahr einer Massenvermehrung. Die nachstehenden Pflanzen sind in der Lage, einen Insektenbefall zu vermeiden.

BEINWELL	Bekämpft Mottenschildläuse (Weiße Fliegen) und Blattläuse.	8 gehackte Blätter 20 min in 1 l Wasser ziehen lassen. Einen halben Tag ruhen lassen und unverdünnt versprühen.
BRENN-NESSEL	Bekämpft gelbe und rote Milben.	Kalter Aufguss (Tee) aus 800 g gehackten Blättern und Wurzeln auf 10 l Wasser; zwei Tage ziehen lassen. Befallene Pflanzen mit einer 10-prozentigen Verdünnung besprühen.
DALMAT. INSEKTEN-BLUME	Bekämpft Blattläuse, Mottenschildläuse (Weiße Fliegen) und Milben.	Es empfiehlt sich, eine im Handel erhältliche Zubereitung zu verwenden. Vorzugsweise am Abend oder frühmorgens versprühen, aber niemals während der Blütezeit (Bienen).
ECHTER WURMFARN UND ADLER-FARN	Bekämpft Blutläuse, Rebzikaden und Drahtwurmlarven.	Fermentationsextrakt aus 1 kg Blättern in 10 l Wasser; vier bis fünf Tage ziehen lassen. Als 10-prozentige Verdünnung vor dem Pflanzen zweimal auf dem Boden versprühen, um Drahtwurmlarven zu bekämpfen.
GARTEN-KNOB-LAUCH	Wirksam gegen Milben, Blattläuse, Zwiebelfliegen.	Kaltauszug aus 100 g geschältem und gehacktem Knoblauch und 2 Esslöffeln Leinöl. Am nächsten Tag wird 1 l Regenwasser hinzugefügt. Umrühren, filtern und auf 5 Prozent verdünnen.
GEWÖHNL. HANF	Wirkt gegen Fadenwürmer.	Es empfiehlt sich, einen Tee aus den Blättern (90 °C) oder eine Brühe mit den Samen oder Wurzeln zuzubereiten. (Siehe S. 47)
GEWÖHNL. SEIFEN-KRAUT	Bekämpft Blattläuse.	Tee aus 100 g frisch gepflückten Pflanzen und 1 l Wasser. Unverdünnt sprühen.
SCHWARZER HOLUNDER	Bekämpft Erdflöhe, Blattläuse und Thrips (Blasenfluss).	Brühe (1 kg Blätter auf 10 l Wasser). 24 Stunden ziehen lassen, anschließend 30 min kochen lassen. Unverdünnt sprühen. Die jungen Blätter sind am interessantesten. Schneiden Sie den Holunder ruhig oft zurück.
TAGETES MINUTA (HUACATAY)	Bekämpft Fadenwürmer.	250 g getrocknete Pflanzen auf 10 l kaltes Wasser. Auf 90 °C erhitzen, anschließend vom Feuer nehmen. Der Tee wird auf 10 Prozent verdünnt, bevor er auf die zu schützenden Pflanzen gesprüht wird. Systemische Wirkung.

Schmierseife ist ein ausgezeichnetes Benetzungsmittel, das auch die Wirkung von Insektiziden verstärkt, weil es die Kutikula der Insekten durchdringt.

Als Tee (80 °C) wirkende Pflanzen

Diese Pflanzen enthalten überwiegend Säuren.

ACKER-SCHACHTEL-HALM	Setzt Kieselsäure frei (Abwehrmittel).
BRENN-NESSEL	(Blätter vor der Blütezeit). Es werden drei Säuren freigesetzt, die Milben bekämpfen (Akarizid).
ECHTER BALDRIAN	(Blüte). Schützt getrocknet die Pflanzen über ihre Blüte vor Frost.
ECHTES MÄDESÜSS	(Blüte). Vorbeugend eingesetzt ermöglicht echtes Mädesüß den Pflanzen, schneller auf eventuelle Angriffe von Schädlingen zu reagieren. Kann gemeinsam mit fermentiertem Brennnesselextrakt eingesetzt werden.
GEMEINE SCHAF-GARBE	Wird in Verbindung mit Baldrianblüten als Frostschutz für Blumen eingesetzt.
SCHWARZER HOLUNDER	(Blätter vor der Blüte). Insektizide Wirkung beim Gemüseanbau (Blattläuse).

Hier nicht genannte Aufguss-Pflanzen werden als Tee mit einer Temperatur von 90 °C zubereitet.

VERDÜNNUNGSÜBERSICHT

5 % =	5 cl auf 1 l oder 50 cl auf 10 l	1 Teil Extrakt + 19 Teile Wasser	1/2 Weinglas + 10 l Wasser
10 %	10 cl auf 1 l oder 1 l auf 10 l	1 Teil Extrakt + 9 Teile Wasser	1 l Extrakt + 9 l Wasser
20 %	20 cl auf 1 l oder 2 l auf 10 l	1 Teil Extrakt + 4 Teile Wasser	2 l Extrakt + 8 l Wasser

DER RICHTIGE EINSATZ DER EXTRAKTE

Sie haben alles daran gesetzt, qualitative Extrakte zu erzeugen, haben Fermentationen überwacht und Brühen gewissenhaft gefiltert … Das Ergebnis all dieser Mühen wollen Sie dann natürlich nicht wahllos in die Natur versprühen!

In der Tat ist die Anwendung der Extrakte ein äußerst wichtiger Moment. Einmal mehr kommt es jetzt darauf an, den Garten genau unter die Lupe zu nehmen und eventuelle Probleme der Pflanzen auszumachen. Manche Behandlungen müssen abends angewandt werden, andere morgens; die Erfahrung hat gezeigt, dass Witterungsbedingungen mindestens so wichtig sind wie die Mondphasen.

Fermentationsextrakt in den Boden einbringen

Fermentationsextrakt aus Echtem Beinwell, der auf ausgelaugte Kulturböden (durch Bearbeitung, wiederholtes Gießen auf unbedeckten Boden, Unkrautvernichtungsmittel usw.), gesprüht wird, verleiht sowohl der Mikrofauna (Bakterien) als auch der Makrofauna (Regenwürmer, Asseln usw.) neue Lebenskräfte.

Auch Pflanzen, deren Blätter mit Unkrautvernichtungsmitteln in Kontakt gekommen waren, konnte ich damit schon häufig retten. In den Boden eingebrachter fermentierter Beinwellextrakt aktiviert die Mikroorganismen; die Pflanzen treiben neu aus. Böden, die mit Beinwellextrakt behandelt und anschließend mit FZH, Stroh oder Ähnlichem gemulcht werden, gehen eine bessere Verbindung mit dem Mulchmaterial ein.

Zudem ziehen die im Beinwellextrakt erhaltenen Bakterien Regenwürmer und ähnliche Bodentiere an. Wird der Extrakt auf Böden gesprüht, die im November mit Frischdünger behandelt wurden, so sorgt dies für ein schnelleres Faulen der Frischmasse.

Dosierung: 1:20-Verdünnung, also 1 Liter Fermentationsextrakt auf 20 l Regenwasser. 10 min lang gut rühren (dynamisieren) und dann mit einem runden oder breiten Gartenspritzenaufsatz versprühen.

Gießen oder sprühen?

ZUM STIMULIEREN werden morgens die Blätter besprüht oder es wird abends das untere Stamm- bzw. Stängelende gegossen.
ZUR BEHANDLUNG gegen Insekten abends die Blätter besprühen.
ZUR BEHANDLUNG von Krankheiten können die Blätter jederzeit besprüht werden.

Um Zeit zu sparen, beschränken sich viele Gärtner darauf, mit ungenau dosierter Brennnesseljauche zu gießen. Dabei wird oft zu hoch dosiert und somit wertvoller Rohstoff verschwendet. Gießen ist eigentlich auch vor allem für kleine Gärten oder vereinzelte Einsätze (z. B. an Topfpflanzen) geeignet. Das Besprühen erscheint zwar auf den ersten Blick komplizierter, ist aber im Endeffekt die schnellere Technik. Und die stimulierende Wirkung über die Blätter ist wirklich beeindruckend.

Wichtige Momente

Das Gießen und die Blattbesprühung erfolgen zu ganz bestimmten Dosierungen und Zeitpunkten:

- Gegossen wird abends das untere Stamm- oder Stängelende, generell mit 20-prozentiger Verdünnung (2 l auf 8 l Wasser).
- Besprüht werden die Blätter mit 10-prozentiger Verdünnung (1 l auf 9 l Wasser), entweder morgens (zur Düngung) oder abends (insektenabwehrend oder als Insektizid, da Insekten abends besser auf die Behandlung ansprechen). Wird eine fungizide Wirkung angestrebt, so kann jederzeit behandelt werden, außer in der Sonne bei sehr heißem Wetter.

Pflanzen, die unter Trockenheit leiden, sollten grundsätzlich nicht behandelt werden. Am besten erfolgt die Behandlung bei bedecktem Wetter oder direkt nach einem Regen. Durstige Pflanzen (im Balkonkasten oder Topf) werden am Vortag der Behandlung großzügig gegossen.

Ideale Witterungsbedingungen

ine Grundregel: Pflanzen werden dann behandelt, wenn sie aufnahmebereit sind.

- **Regen ist eine Chance**, die Sie nutzen sollten: Behandeln Sie direkt danach, wenn die Blätter gerade abgetropft sind. Allerdings sollten Sie nicht gießen, wenn eine Regenperiode oder ein Gewitter angekündigt ist, da die Mittel sonst von der Pflanze abgewaschen werden.
- **Bei großer Trockenheit** sollten Sie am Tag vor der Behandlung großzügig gießen, da sonst der Pflanzensaft nicht in der Pflanze zirkuliert. Ideal ist eine Feuchtigkeit zwischen 55 und 70 %. Unterhalb dieses Wertes besteht ein Verbrennungsrisiko auf der angespannten Pflanze. Darüber wird das Mittel vielleicht nicht aufgenommen, da in der Pflanze Überdruck herrscht und das Mittel nicht einziehen kann. Die Luftfeuchte können Sie mit einer kleinen Wetterstation messen.
- **Temperaturen unter 12–14 °C** sind ebenfalls ungünstig, denn die Aufnahmefähigkeit der Blätter ist dann schwach und das Wurzelsystem wenig aktiv. Frühmorgens im Sommer kann allerdings auch bei derart frischen Temperaturen behandelt werden, da von einem schnellen Temperaturanstieg auszugehen ist.
- **Bei Temperaturen über 26 °C** sollten keine schwefelhaltigen Extrakte, wie Knoblauch, Rhabarber, Kapuzinerkresse oder Ampfer, eingesetzt werden.
- **An heißen Tagen** sollte die Behandlung morgens vor 7 Uhr oder spät am Abend stattfinden.

Wenn starker Frost angekündigt wird, sollte von der Behandlung abgesehen werden.
Baldrian- und Schachtelhalm können die Frostschäden jedoch lindern; das kann sich im Frühjahr an Pfirsich- oder Aprikosenbäumen zu beginnender Blüte als nützlich erweisen.

Pflanzenmischungen

Wie bereits erwähnt, müssen die Pflanzen immer separat fermentieren und vor dem Mischen gefiltert werden. Das entspricht ein wenig der Art und Weise, wie auch der Winzer seine verschiedenen Rebsorten und Lagen zunächst getrennt verarbeitet.

Bisher war hier immer nur von einzelnen Pflanzenextrakten die Rede. Aber manche gehen beim Experimentieren so weit, die verschiedenen Extrakte zu mischen – und erzielen damit vielversprechende Ergebnisse! Allerdings besteht allgemeine Einigkeit darüber, dass es aufgrund der unterschiedlichen Fermentierungsdauer nicht gut ist, verschiedene Pflanzen in derselben Tonne fermentieren zu lassen. So tritt zum Beispiel bei Disteln und bei der Großen Klette (Achtung: furchtbarer Gestank!) der Fermentationsprozess sehr schnell ein; Zitronenmelisse wiederum schäumt manchmal mehrere Monate lang.

Zwei Rezepte à la Michel Barbaud

ZUR BODENSTIMULIERUNG
Ein hervorragender Nährboden für Bakterien: 6 l Brennnesselextrakt + 2 l Beinwellextrakt + 2 l Schachtelhalmextrakt. 10 l qualitatives Wasser hinzufügen. Im Frühling bei den ersten warmen Temperaturen und abnehmender Mondphase zum Gießen einsetzen. Bei saurem Boden reduzieren Sie die Brennnesselmenge auf 3 l und fügen noch 3 l kalziumreichen Löwenzahnextrakt hinzu. Bei alkalischem Boden ersetzen Sie 1 l Brennnesselextrakt durch 1 l Apfelessig.

ZUR VERSTÄRKUNG DES PFLANZLICHEN IMMUNSYSTEMS
4,5 l Beinwellextrakt + 2 l Schachtelhalmextrakt + 2 l Milchserum (Molke) + 1 l Magnesiumsulfat + 0,5 l Apfelessig.

Fügen Sie noch 10 l Qualitätswasser hinzu und rühren Sie die Mischung eine Viertelstunde lang mit einem Besenstil um (abwechselnd rechts- und linksherum, damit ein Strudel entsteht). Frühmorgens oder spätabends auf die Blätter sprühen. Verwenden Sie für beide Rezepturen kurz eingeweichte Extrakte (4 Tage). Nicht in der Sonne lagern.

Erwiesene Methoden

Durch Mischung der – zuvor fermentierten und gefilterten – Extrakte kann deren Wirksamkeit beträchtlich gesteigert werden.

So kombiniert Vincent Mazière Brennnessel- und Beinwellextrakt (50 : 50). Im Herbst fügt er der Mischung noch weitere Extrakte hinzu, um die Reserven der Pflanzen vor der großen Winterruhe aufzufüllen.

Brennnessel/Beinwell/Schachtelhalm: bereits ein Klassiker! Mit dieser Mischung können die Pflanzen neu belebt und mineralisiert werden. Auch von Michel Barbaud empfohlen. Nach erfolgreichem Abschluss der Versuche werden sicherlich noch weitere vielversprechende Rezepturen dazukommen.

Brennnessel/Beinwell/Farn: ebenfalls sehr vorteilhaft. Wirkt belebend, insektizid und mineralisierend.

Wenn Sie sich langsam, aber sicher in den Umgang mit Pflanzenextrakten eingearbeitet haben, dann sollten Sie auch innovative Mischungen ausprobieren. Gehen Sie dabei aber bitte umsichtig vor (am Anfang nur 2er-Kombinationen testen) und schreiben Sie die Versuchsergebnisse gut auf, vor allem dann, wenn die Wirkung die von einfacheren Mitteln klar übertrifft.

Noch ein Tipp: Jean-Claude Chevalard rät dringend davon ab, Schachtelhalmextrakt mit Kupferpräparaten oder Schwefel zu mischen. Er empfiehlt aber eine Mischung aus Brennnesselextrakt und stark verdünnten Kupferpräparaten, da hier eine positive Synergie entsteht.

Richtiges Versprühen

Anfänger gießen häufig lieber, aber mit wachsender Erfahrung gehen die meisten zum Versprühen über, das mehr Sorgfalt erfordert, aber weniger Mittel verschwendet.

Die Extrakte werden grundsätzlich in verdünnter Form eingesetzt, mit Ausnahme von Kaltauszügen und als Insektizid eingesetztem Farnextrakt. Verdünnen Sie die Extrakte direkt vor dem Versprühen und immer mit Qualitätswasser: Füllen Sie die Gartenspritze zur Hälfte mit Extrakt, füllen Sie sie mit reinem Wasser auf und mischen Sie das Ganze möglichst mehrere Minuten lang. Wird die Gartenspritze auf dem Rücken getragen, werden Extrakt und Wasser durch die Bewegung noch weiter gemischt.

Bei Bäumen und großen Sträuchern beginnen Sie von unten mit dem Besprühen. Halten Sie das Ende der Spritze nach oben und gehen Sie beim Sprühen um die Pflanze herum. Beim Besprühen der oberen Pflanzenteile halten Sie die Spritze nach unten. Große Bäume können nur mit einem Sprühapparat effizient behandelt werden.

Bei Verstopfung

Manchmal treten Probleme auf, wenn kleine Pflanzenstückchen ungefiltert in die Gartenspritze gelangen. Meist fällt das zunächst durch größere Tropfen auf. Dann sollten Sie Ihre Arbeit unterbrechen, die Spritze mit reinem Wasser reinigen und gut durchpusten, bevor Sie sie wieder zusammenschrauben. Säubern Sie auch das Schraubengewinde und gehen Sie sicher, dass der kleine Filter am Ende des Sprührohrs sauber ist.

Gerade die richtige Menge

Bei der Anwendung von fungiziden oder insektiziden Mitteln besprühen Sie zunächst die Unterseite der Blätter. Gehen Sie dabei langsam, aber stetig voran. Wenn der Baum selbst ein paar Spritzer abbekommt, ist das nicht schlimm. Es reicht völlig, die Blätter zu befeuchten; tropft Spritzmittel herunter, so ist das reine Verschwendung. Daher auch die wichtige Rolle von Benetzungsmitteln, die kurz vor dem Umrühren hinzugefügt werden und dafür sorgen, dass die Extrakte besser an den Blättern haften und nicht an der wachsartigen Kutikula abgleiten.

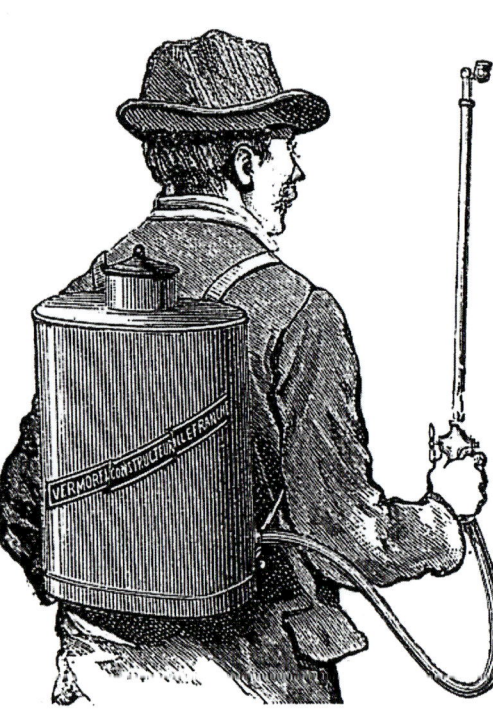

Auf Boden und Blättern

Vincent Mazière empfiehlt in allen Fällen die Sprühtechnik, ob zur Blattbehandlung oder zur Bodenstimulierung, da Überdosierungen damit vermieden werden. Er besprüht seine Böden alle 14 Tage und stellt seine Gartenspritze auf „große Tropfen" ein. Er empfiehlt, im Frühjahr (Februar–März) alle Pflanzen beim Eintritt in den Wachstumsprozess mit Brennnesselextrakt zu behandeln. Beinwell fördert das Aufblühen und die Fruchtbildung.

Bedeutung der Benetzungsmittel

Durch Einsatz von Benetzungsmitteln vermeiden Sie, dass ein Drittel der Extrakte verlorengeht. Drei Stoffe haben sich hier in zahlreichen Versuchen als besonders wirksam erwiesen:

Seifenkraut: Tee aus Gewöhnlichem Seifenkraut (150 g Blätter auf 10 l Wasser). Kann in diesem Verhältnis auch beliebigen anderen Tees hinzugefügt werden.

Bio-Spülmittel: Viele dieser Produkte enthalten anionische Tenside. Sie können im Verhältnis 1 : 100 unter die Mittel gemischt werden.

Grüne Mineralerde (im Biohandel erhältlich). Muss in einem Topf gut angerührt werden, um Klümpchen zu vermeiden, bevor sie in die Gartenspritze gefüllt wird. Anschließend gut umrühren.
Dosierung: 2 bis 3 EL Mineralerdepulver auf 10 l Wasser.

Schmierseife (in unverdünnter Form) dient vor allem der Behandlung von Schildläusen, da deren Panzer nicht gegen Seife resistent ist.
Dosierung: 100 g Schmierseife auf 10 l.

Trick: Lassen Sie die Mineralerde am Vortag in Wasser einweichen und verwenden Sie nur ihre schwebenden Teilchen.

Praktische Hinweise

Die Extrakte sind ungefährlich, daher brauchen Sie keine Schutzkleidung (Overall, Handschuhe oder Helm). Aber es ist zu empfehlen, alte Kleidung zu tragen. Und vermeiden Sie es, Knoblauchextrakt mit bloßen Händen zu berühren, denn sein Geruch ist äußerst hartnäckig!

Sprühgeräte: praktisch in großen Gärten

Sprühgeräte sind motorisierte Gartenspritzen, mit denen große Flächen schnell behandelt werden können. Im Allgemeinen benutzt man einen feinen Sprühnebel zum Düngen oder zur Bekämpfung von Pilzen und einen stärkeren Strahl zur Behandlung von Insekten. Gehen Sie dabei aber vorsichtig vor, um nicht aus Versehen die Blätter zu verletzen. Ein dünner Strahl reicht nicht so weit nach oben und ist daher zur Behandlung von großen Bäumen weniger geeignet.

Die Arbeit mit dem Sprühgerät ist flächendeckend und wenig präzise, während eine auf dem Rücken getragene Gartenspritze ein genaueres Vorgehen und Beobachten ermöglicht.

Das Sprühgerät kann gleich nach der Nutzung ausgespült werden oder Sie lassen einen Rest darin, um ihn einige Tage später zu versprühen. Wenn Sie Mineralerde als Benetzungsmittel verwendet haben, dann sollten Sie die Spritze allerdings sofort reinigen.

Die Arbeit mit dem Sprühgerät ist nicht gerade beliebt. Gartenspritzen mit Elektromotor bieten hier einen guten Kompromiss.

Gießen mit Extrakten

Wenn die Pflanzen zur Stärkung mit Extrakten gegossen werden sollen, dann werden diese ebenfalls verdünnt, aber etwas weniger als beim Versprühen (im Durchschnitt 1 l Extrakt auf 8 l Wasser). Das Mittel wird direkt in der Gießkanne gemischt: Erst das Wasser einfüllen, dann den Extrakt.

Auch hier wieder nur qualitatives Wasser verwenden, also Regenwasser oder über einen längeren Zeitraum abgestandenes Leitungswasser. Rühren Sie die Mischung ausgiebig um, vielleicht so lange, wie Sie brauchen, um Ihr Lieblingslied zu singen …

Gießen Sie die zu behandelnden Pflanzen langsam und direkt aus der Gießkanne (ohne Aufsatz), aber vermeiden Sie möglichst die Blätter. Wenn Sie den Strahl genauer orientieren möchten, dann können Sie die Düse eines alten Staubsaugers auf den Gießkannenhals stecken. Eine 10-l-Gießkanne ist perfekt geeignet. Sie kann aus Plastik oder aus galvanisiertem Metall sein, denn das Mittel bleibt ja nicht darin stehen. Das ist eher eine Stilfrage: Garten-Ästhetiker werden sich vielleicht für eine galvanisierte Kanne entscheiden, andere bevorzugen den Charme einer wie vergessen wirkenden alten Plastikkanne …

Was soll gegossen werden?

Gemüsesorten mit hohem Nährbedarf am besten, sobald die ersten Anzeichen des Austreibens zu sehen sind (aufrecht stehende und neu wachsende Blätter); dies ist der beste Zeitpunkt, um die Verwurzelung zu fördern. Zielen Sie beim Gießen auf den Hals oder auf die Pflanzenbasis.

Manche Gärtner tauchen die Wurzeln ihrer Setzlinge in verdünnte Extrakte ein, wenn Sie sie bei sehr heißem Wetter pflanzen wollen. Auch zum Gießen zwischen zwei Reihen Lauch sind die Extrakte geeignet. Dabei reicht der Inhalt einer 10-l-Kanne für 10 laufende Meter aus.

Bäume, durch Gießen unter der Baumkrone in einem Radius von ca. zwei Metern. Je nach Größe des Baums bzw. Strauchs wird hierfür der Inhalt von einer oder zwei 10-l-Gießkannen benötigt.

Fermentierter Brennnesselextrakt eignet sich auch zum Eintauchen von Samen. Samen mit feiner Schale (z. B. Karotten) werden 12 Stunden lang in 1 : 20 verdünnten Extrakt eingetaucht, Samen mit dicker Schale (z. B. Bohnen) 24 Stunden bei gleicher Dosierung.

Im Wechsel der Jahreszeiten

Mit folgenden – unverbindlichen! – Empfehlungen behandeln Sie Ihren Garten saisongerecht:

- **Zum Ende des Winters** (ca. März) können Sie den Boden mit fermentiertem, auf 20 Prozent verdünntem Brennnesselextrakt gießen oder besprühen, um das Aufsteigen des Pflanzensaftes zu fördern und die Mikroflora im Boden zu aktivieren. Schreiten Sie langsam voran (ein Schritt pro Sekunde) und stellen Sie die Gartenspritze auf feinen Sprühnebel ein.

  Michel Barbaud rät dazu, bei beschädigtem oder aufgeschüttetem Boden die Dosierung auf 1 : 2 zu erhöhen.

- Ab dem **Frühling** und bis in den Juli sprühen Sie alle zwei Wochen und bevorzugt frühmorgens stimulierende Extrakte (z. B. eine Mischung aus Brennnessel- und Beinwellextrakt) auf die Blätter.

- Im **Sommer** können Sie die Frequenz der Behandlung mit stimulierenden Extrakten reduzieren (einmal pro Monat, immer auf nicht durstige oder am Vortag gegossene Pflanzen). Zu dieser Jahreszeit treten zahlreiche Krankheiten und Insekten auf, die mit speziellen Mitteln, oft auf Basis von Kaltauszügen oder Tees (siehe Übersichten auf S. 60 bis 65), behandelt werden.

- Im **Herbst** ergibt es keinen Sinn mehr, die Blätter zu besprühen, da diese dann nicht mehr aktiv sind. Dann reicht es, den Pflanzenfuß zu gießen.

- Im **Winter** wird der Pflanzenfuß nicht gegossen. Aber Stamm und große Äste werden zur Abwehr von Schildläusen besprüht.

Es gibt zwei Möglichkeiten, um zu Saisonbeginn über Brennnesselextrakt zu verfügen:

- *Entweder Sie lagern Extrakt vom Vorjahr in einem gut verschlossenen Kanister ein –*
- *oder Sie stellen den Extrakt frisch her, indem Sie getrocknete Brennnesseln fermentieren lassen.*

Allerdings benötigen Sie hierfür einen Raum mit gemäßigten Temperaturen.

Resistenz

Aufgrund der vielfältigen Wirkstoffzusammensetzung von aus Pflanzen hergestellten Mitteln ist es absolut ausgeschlossen, dass Insekten gegen diese Mittel resistent werden. Außer, das Insekt hat ein langjähriges Studium der Biochemie abgeschlossen …

Bestünden die biologischen Mittel aus lediglich zwei oder drei Molekülen, so könnten auch sie leicht zu einer Gewöhnung von Seiten der Insekten führen.

Raymonde Gal
Die Brennnessel-Botschafterin

Raymonde Gal stellt ihren Brennnesselextrakt in einem ehemaligen Stall her, der mit seinen dicken Wänden, seiner Wärmeträgheit und seiner Dunkelheit sehr an einen Kellerraum erinnert.

Raymonde Gal benutzt zwei Plastikfässer, von denen eines 100 l und das andere 200 l fasst. Diese füllt sie mit frischen Brennnesseln und füllt sie dann mit Wasser auf (10 l Wasser auf 1 kg Pflanzen).
Anschließend rührt sie die Mischung alle zwei Tage mit einer großen Holzschaufel um, damit die obenliegenden Pflanzenteile nach unten kommen. Dabei beobachtet sie auch den aufsteigenden weißen Schaum.
Wenn keine feinen Bläschen mehr an der Oberfläche schwimmen, dann entnimmt sie den Fassinhalt und filtert ihn durch ein Frotteehandtuch und anschließend durch eine auf einen großen Milchtrichter gespannte Strumpfhose. Diese zweite Filterphase ist allerdings sehr zeitaufwendig. Den gefilterten Extrakt lagert sie in 20-l-Kanistern aus Plastik und verschenkt ihn auch großzügig.

Wenn sich jemand als Vorreiter bei der Wiederentdeckung der positiven Eigenschaften von Brennnesseln verdient gemacht hat, dann die Landwirtin Raymonde Gal aus dem Aveyron im Süden Frankreichs. Die Brennnessel hat ihr viel zu verdanken – das gilt aber auch umgekehrt, denn wie Raymonde immer wieder betont, hat sich die Brennnessel erkenntlich gezeigt und ihr Leben „brennend interessant" gemacht!

Wenn Raymonde heute die Brennnessel so heiß und innig liebt, dann liegt das auch daran, dass – durch ein glückliches Zusammentreffen verschiedener Umstände – ihr die Pflanze dabei geholfen hat, ihre Milchkühe in einer Zeit zu retten, als Rinder im Lande des Roquefort-Käses (marmorierter Blauschimmelkäse) nicht gerade im Trend lagen. Raymonde war damals zunächst selbst von den Ergebnissen überrascht, die sie mit der Brennnessel erzielte. Aber danach setzte sie sich mit ihrer ganzen Energie dafür ein, dass diese Pflanze für die Hilfe, die sie der Landwirtschaft leisten konnte, auch gebührend geehrt wurde. Dabei musste sie zwar nicht gerade gegen Windmühlen kämpfen, aber trotz der Relevanz und der Ernsthaftigkeit ihrer (mit wissenschaftlichen Analysen unterstützten) Argumente konnte sie sich weder über die Macht der Gewohnheit noch über bürokratische Hürden hinwegsetzen …

Doch so leicht ließ sie sich nicht entmutigen, und so konnte sie auch dank ihrer Überzeugungskraft ihrem Schützling schließlich doch noch viele neue Türen öffnen.

So geht zum Beispiel der erste Einsatz von fermentierten Pflanzenextrakten als Zusatz zum Trinkwasser für Zuchttiere auf Raymonde zurück. Heute gilt diese Methode als besonders zukunftsweisend.

Somit hat sie also nicht nur den bereits angesprochenen Titel der Vorreiterin verdient, sondern auch den der Botschafterin der Brennnessel!

Bernard Bertrand konnte sich eigenhändig davon überzeugen, dass der von Raymonde Gal hergestellte Brennnesselextrakt nicht stinkt. Eher hat er den Geruch von frischem Rinderurin. Um dies zu erreichen, muss die Fermentation unbedingt überwacht werden.

Tomaten mitten im September ohne eine Spur von Mehltau? Schwer zu übertreffen!

Raymonde Gal behandelt alle ihre Pflanzen mit Brennnesselextrakt, auch ihren Oleander, der den ganzen Sommer über blüht.

Raymonde besprüht Kartoffeln vom Pflanzen an mit verdünntem Brennnesselextrakt. Sobald die Kartoffelpflanzen aus der Erde herauswachsen, wiederholt sie die Behandlung alle zwei Wochen. Karottensamen taucht sie eine Nacht lang in Brennnesselextrakt ein. Zwar keimen diese dadurch nicht schneller, aber die Karotten sind gesünder und geschmackvoller und haben zudem einen höheren Carotinoidgehalt.

Der Garten von Annie-Jeanne Bertrand ist ein wahres Loblied auf die Artenvielfalt.

Annie-Jeanne Bertrand stellt Mischungen aus den vier Top-Extrakten her: Brennnessel, Schachtelhalm, Farn und Beinwell. Sie nimmt jeweils 50 cl von jedem dieser Extrakte für eine 15-l-Gartenspritze, die sie auf dem Rücken trägt.

Annie-Jeanne Bertrand zieht ihren Garten immer häufiger menschlicher Gesellschaft vor. Nach 25 Jahren als aktive Landwirtin in den Pyrenäen ist ihre Liebe zu den Pflanzen größer denn je und nimmt einen großen Teil ihrer Zeit in Anspruch. Ihre Krönung findet diese Leidenschaft in Annie-Jeannes ethnobotanischem „Zaubergarten"; hier weiht sie ihre Besucher in die Geheimnisse der Pflanzenwelt ein. Dieser Garten ist auch ein wunderbares Experimentierfeld, in dem sie ihre Ideen in die Praxis umsetzt. Pflanzenjauchen stellt sie schon seit Ewigkeiten her – und hat sich dabei wie viele andere von einer häufig voreingenommenen Fachpresse auch oft in die Irre führen lassen. Im Gespräch mit anderen Praktikern ist ihr bewusst geworden, dass es nur dann vorwärtsgeht, wenn mit den Irrtümern der Vergangenheit aufgeräumt wird. So verwendet

Annie-Jeanne Bertrand
Der „grüne Daumen"

sie seit knapp 10 Jahren viel mehr Sorgfalt auf die Fermentation der Extrakte. Selbst wenn sie diesen nicht so viel Zeit widmen kann, wie sie gerne würde, sprechen die Ergebnisse doch für sich.

Sie ist überzeugt, dass diese Mischung stimulierend, aber auch insektizid (durch den Farn) und fungizid (durch den Schachtelhalm) wirkt. Bei Blattlausbefall fügt sie der Mischung etwas Schmierseife hinzu, bei drohenden Krankheiten eine geringe Dosierung Kupferpräparate, allerdings nur mit einem Zehntel der normalen Dosierung.

Wenige Farnblätter genügen, um Kohlweißlinge mehrere Wochen lang von den Pflanzen zu vergraulen.

Annie-Jeanne besprüht ihren ganzen Garten einmal wöchentlich und geht dabei besonders auf kränkelnde Pflanzen ein. Damit will sie die Pflanzen nicht ernähren, sondern kräftigen und unterstützen. Auch zum Gießen des Bodens setzt sie die Extrakte (verdünnt auf 10 Prozent) ein.

Annie-Jeanne gießt ihre Sämlinge mit Brennnesselextrakt. Das stimuliert insbesondere die Keimung des oft etwas schwierigen Feldsalates.

Zu Saisonbeginn setzt Annie-Jeanne Brennnesselextrakt ein, um die Blattentwicklung zu stimulieren. Anschließend fördert sie Blüte und Fruchtansatz von einem Monat zuvor gepflanzten Tomaten mit Beinwellextrakt. Für ihre Versuche pflanzt sie die Kleine Brennnessel selbst an.

Annie-Jeanne Bertrand

EIN RUND-GANG DURCH DEN GARTEN

W ie wäre es mit einem kleinen Spaziergang durch den Garten? Wir werden alle Bereiche des Gartens durchlaufen, uns die verschiedenen Pflanzen genau anschauen und uns dabei jedes Mal der Frage widmen, auf welche Weise sich die liebevoll zubereiteten und in Kanistern auf ihren Einsatz wartenden Extrakte nützlich machen können. Wie Sie sehen werden, sind die Extrakte nur eine Methode unter vielen – darunter das Mulchen – die gemeinsam zur Gesundheit des ganzen Gartens beitragen. Lassen Sie sich von unseren langen Tabellen nicht abschrecken, denn es ist durchaus möglich, sich auf zwei oder drei Mittel zu beschränken. Manche Situationen erfordern allerdings besondere Reaktionen –, so wirkt zum Beispiel zur Behandlung von Pfirsich-Kräuselkrankheit nichts so gut wie Schachtelhalm.

Im Obstgarten

Im Winter können mit einer Mischung aus Beinwellextrakt, Paraffin (20 bis 25 ml/l) und grüner Mineralerde die Eier von Blattläusen und Milben vernichtet und Pilze vorbeugend bekämpft werden. Diese Behandlung muss vor der Öffnung der Knospen erfolgen.

Zunächst einmal werden im Frühling alle Bäume aufmerksam untersucht. Gehen Sie dazu um den Baum herum und sehen Sie sich den Zustand des Bodens an, ob Gras darauf wächst oder die Erde unbedeckt ist und ob zum Beispiel nahe an der Oberfläche liegende Wurzeln beim Rasenmähen beschädigt wurden. Danach sehen Sie sich den oberen Teil der Bäume an, wobei Sie mit den Astenden und der Baumspitze beginnen. Machen Sie sich keine Sorgen, wenn die äußersten Zweige absterben, das kann ganz natürliche Gründe haben. Und vergessen Sie nicht, dass Bäume die Zahl ihrer Zweige an ihre Kapazitäten anpassen.

Durch Entfernen vom am Fuße der Bäume wachsendem Gras können bereits zahlreiche Probleme gelöst werden, denn dieses stellt eine mächtige Konkurrenz in Bezug auf die Spurenelemente dar.

Erfahrungsbericht

Vincent Mazière empfiehlt, Obstbäume gleich nach der Ernte mit einer Mischung aus Brennnessel- und Beinwellextrakt zu besprühen, damit der Baum neue Ressourcen aufbauen kann. Zum Austrieb im Frühjahr sprüht er Brennnesselextrakt. 2–3 TL Schmierseife auf 10 l fermentierten Farnextrakt in 10-prozentiger Verdünnung helfen beim Kampf gegen Blattlausinvasionen.

Auch durch Einbringen von Kompost tragen Sie zur Stärkung der Bäume bei.

Aus Beinwellblättern kalt gepresster Saft desinfiziert Schnittwunden aufgrund des enthaltenen Konsolidins (ein Alkaloid). Diese Wirkung konnte Vincent Mazière an einer Pampelmuse feststellen, die derart von Schildläusen befallen war, dass er sie sehr stark zurückschneiden musste.

Einige Monate später war die Wunde völlig sauber und der Strauch wuchs aus seinen äußerst gesunden neuen Trieben, die regelmäßig mit Brennnesselextrakt gegossen werden, neu hervor.

Wenn keine Krankheit droht

Geht es dem Baum erkennbar gut, dann ist eine generelle Stärkung ausreichend. Setzen Sie vor allem auf stimulierende Mittel, die dem Baum helfen, seine Abwehrkräfte auszubauen.

Dafür perfekt geeignet sind Extrakte aus Beinwell, Großer Klette und Löwenzahn. Letzteren bereiten Sie aus Blättern und Blüten zu und verdünnen ihn um eine Spur weniger als die anderen beiden.

Wenn Krankheiten oder Schädlinge sichtbar vorhanden sind

Halten Sie ab Juni/Juli ein wachsames Auge auf Ihre Bäume und verwenden Sie die im Folgenden genannten Rezepturen. Denken Sie daran, die verschiedenen Extrakte abwechselnd einzusetzen, um den „Feind" zu täuschen. Benutzen Sie vor allem das verfügbare Material und lassen Sie sich ruhig auch von der örtlichen Fauna helfen.

Im Gemüsebeet

Hier geht es vor allem darum, die Pflanzen ab März alle zwei Wochen mit stimulierenden Extrakten zu stärken. Am besten Sie versprühen die Mittel, um sie besser zu verteilen und zu dosieren, denn beim Gießen, selbst mit feinen Aufsätzen, wird oft zu hoch dosiert.

Immer beim Auspflanzen

Nach dem Auspflanzen sollten Sie immer eine Woche warten, bis die ersten feinen Wurzeln gewachsen sind. Danach gießen Sie abends zunächst mit einer Mischung aus Brennnessel- und Beinwellextrakt, um den Wurzeln zu helfen, gut anzuwachsen und sich in die Tiefe zu entwickeln. Wenn Sie befürchten, nicht daran zu denken, dann gießen Sie am besten direkt nach dem Auspflanzen.

Am Ende des Sommers

Regen und frische Nächte begünstigen das Auftreten von durch Pilze verursachten Krankheiten. Vor allem Tomaten sollten Sie jetzt mit Kupferpräparaten behandeln. Dabei reduzieren Sie die auf der Packung angegebene Dosierung um 70 % und mischen die Brühe mit fermentiertem Brennnesselextrakt in einer Verdünnung von 10 Prozent.

Wild, Maulwürfe, Nacktschnecken …

Um Insekten und aufdringliche Wildtiere abzuwehren, versprühen Sie Mitte Mai und dann noch einmal Anfang Juli überall Knoblauchextrakt. Sollten sich die Maulwürfe davon nicht abschrecken lassen, können Sie Extrakt von Kreuzblättriger Wolfsmilch als Abwehrmittel einsetzen, vor allem zur Säzeit im März

und April. Versprühen Sie den Extrakt um Beete herum und zwischen Saatreihen. Obwohl die Pflanze den Ruf hat, Maulwürfe zu vertreiben, hat sie selbst keinen repulsiven Effekt und wirkt nur als fermentierter Extrakt. Gegen Nacktschnecken können Sie Ihr Glück mit einem 90 °C warmen Tee versuchen, der aus 250 g Seifenkraut in 10 l kaltem Wasser angesetzt wird. Für Salatpflanzen verwenden Sie den Tee in auf 5 Prozent verdünnter Lösung.
Kaltauszug aus Kaffee: 100 g Kaffee auf 10 l Wasser. Zum Kochen bringen, vom Herd nehmen und auf 5 Prozent verdünnen.
Nacktschnecken können auch leicht an Frauenminze oder Ysop gesammelt werden. Oder man fängt sie mit Beinwellblättern, die zwischen den Salatreihen ausgelegt und regelmäßig eingesammelt werden.

Drohende Trockenheit

Wenn Ihre Region regelmäßig von Trockenheit heimgesucht wird, dann versprühen Sie ab Mitte Juni (oder später, je nach Wetterlage) Extrakte der Großen Klette. Das fördert den Schwelldruck der Blätter und kräftigt die Stängel. Mit Löwenzahnextrakt können Sie zudem das Auftreten von Trockenstress einschränken.

Erdbeerpflanzen sind anspruchsvoll und gefräßig. Sie können mit einem im Jungstadium der Blätter aufgesprühten Beinwellextrakt in 1:20-Verdünnung dauerhaft ernährt werden. Wenn Sie im Sommer Erdbeeren pflanzen, können Sie diese mit dem Extrakt gießen.

Die altbewährte Handvoll Brennnesselblätter am Boden des Pflanzlochs von Tomaten ist für ihre nährende und stimulierende Wirkung nach wie vor zu empfehlen.

Erfahrungsbericht

Michel Barbaud setzt Brennnesselextrakt zum Angießen von Salatpflanzen ein. An Tomaten benutzt er Beinwell- und Schachtelhalmextrakt ausschließlich zur Blattbesprühung und Brennnesselextrakt ausschließlich am Boden, da er die Aufnahme der Wirkstoffe der Brennnessel über die Wurzeln für äußerst wichtig hält. Annie-Jeanne Bertrand taucht ihre Feldsalatsamen einen Nachmittag lang in Brennnesselextrakt ein. Anschließend lässt sie sie auf Küchenpapier trocknen und sät sie abends aus. Dadurch keimen die Samen schneller und dichter aus. Sollte auch an Spinat und Petersilie getestet werden …

Im Rosengarten

Annie-Jeanne Bertrand setzt eine Mischung aus Extrakten der „vier Musketiere" (Beinwell, Brennnessel, Schachtelhalm, Farn) an allen Gartenblumen ein. Rosen gießt sie außerdem mit Beinwellextrakt. Dadurch hat sich deren allgemeiner Zustand in den letzten Jahren stark verbessert.

Wenn Sie Reste von Brennnessel- und Beinwellextraktmischung auf Ihren Komposthaufen sprühen, fördert dies die Kompostierung.

Um schwächelnde Rosen zu stärken, Krankheiten präventiv zu bekämpfen und zahlreiche Insekten abzuschrecken, ist es hilfreich, Ende März eine Mischung aus Brennnesselextrakt (auf 5 Prozent verdünnen) und Beinwellextrakt (auf 10 Prozent verdünnen) aufzusprühen. Starken Blattlausbefall können Sie durch Besprühen mit einem Extrakt aus Duftpflanzen bekämpfen. Dafür setzten Sie Lavendel, Dalmatinische Insektenblume, Seifenkraut und Raute getrennt zur Fermentation an, mischen die fertigen Extrakte und versprühen Sie ab Mitte April (je nach Region und Jahr) auf die Blattläuse. Sollte der Befall weiter andauern, bitte erneut besprühen.

Knoblauchextrakt hat sich als effizientes Fungizid gegen Sternrußtau (auch Schwarzfleckenkrankheit) erwiesen. Auch Insekten werden davon vertrieben, wie zum Beispiel Raupen, die Blätter einrollen oder Blattränder fressen. Dafür versprühen Sie den Extrakt ab Juni, wenn die warmen Temperaturen anhalten. Für Vincent Mazière ist es normal, dass Rosensträucher im September, wenn sie ausgelaugt sind, anfällig für Sternrußtau sind. Hier empfiehlt es sich, den Fuß des Strauches mit Brennnesselextrakt zu gießen. Am Ende der Saison (zum Beispiel Ende November) und mitten im Winter können Rosensträucher durch eine Behandlung mit gängigen Kupferpräparaten (ein Drittel der normalen Dosis) dauerhaft gereinigt werden.

Der Rasen

Wenn Sie ein Liebhaber von saftig grünem Rasen sind, dann können Sie mit Pflanzenextrakten kleine Mängel beheben und das Gras stärken, ohne Geld für Dünger und synthetische Rasenbehandlungsmittel ausgeben zu müssen.

Die Grundbehandlung besteht darin, mit einem schmalen Aufsatz mit drei Düsen einen fermentierten Löwenzahn- und Beinwellextrakt langsam zu versprühen. Denn Löwenzahnextrakt schränkt den sommerlichen Trockenstress ein und Beinwellextrakt wirkt als vorbeugendes Fungizid gegen Fusariose. Im Idealfall wird einmal pro Monat und mit wechselnden Extrakten besprüht, am besten morgens, wenn das Gras taufeucht ist, auf einen am Vortag gemähten Rasen. Fermentierter Beinwellextrakt ist stark kaliumhaltig. Das regt den Stoffwechsel des Rasens an, der eine wunderschöne Farbe entwickelt.

Erfahrungsbericht

Annie-Jeanne Bertrand hält viel davon, Zimmerpflanzen 24 Stunden lang in eine mit Brennnesselextrakt (zu 15 % verdünnt) gefüllte Wanne einzutauchen. Für gewöhnliche Grünpflanzen wiederholt sie den Vorgang drei- bis viermal im Jahr.

Auf gleiche Weise taucht sie ihre Tomatensetzlinge vor dem Auspflanzen ein, allerdings nur 3 oder 4 Stunden, damit die Wurzeln nicht erstickt werden.

Sträucher und Hecken

Direkt beim Pflanzen sollten Sie den Fuß von Sträuchern und Heckenpflanzen mit folgender Mischung gießen: fermentierter Beinwellextrakt (auf 5 Prozent verdünnen) + 2 Handvoll Wurmkompost + 1 Handvoll Mineralerde auf 10 l. Pflanzen mit bloßer Wurzel können Sie 10 Minuten lang in diese Mischung eintauchen und danach direkt einpflanzen (nicht abschütteln). Auch Rosenpflanzen tut diese Mischung sehr gut.

Nadelbäume bekommen eine Besprühung mit Brennnessel-Kaltauszug und fermentiertem Beinwellextrakt direkt nach dem Beschneiden im April und August. Im Juni können formgeschnittene Pflanzen, Flieder und verschiedene Sträucher mit einer Mischung aus fermentierten Extrakten von Brennnessel (auf 5 Prozent verdünnen) und Beinwell (auf 10 Prozent verdünnen) gestärkt werden. Auch Chlorose an Hortensien kann damit abgeschwächt werden.

Durch Eintauchen des Ballens in zu 20 % verdünnten Brennnesselextrakt können Sträucher sehr gut aufgeputscht werden.

Kübel-pflanzen

Der beste Rat, auch für alle Zimmerpflanzen: regelmäßig eine Mischung aus fermentiertem Brennnessel- und Beinwellextrakt (auf 5 Prozent verdünnt) einbringen. Das ist den Algenextrakten vorzuziehen, die zwar die Blätter wunderbar stärken, aber die Pflanzen auch für Stechinsekten attraktiv machen. Raymonde Gal verwendet Brennnesselextrakt für alle Pflanzen, auch, wie angesprochen, für ihren Oleander und einen Zitronenbaum im Topf, der 2002 über 40 Früchte hervorgebracht hat. Mit seinen breiten und wunderbar dunkelgrünen Blättern sah er wirklich toll aus, nachdem er jahrelang dahinvegetiert hatte.

Ein Landschaftsgärtner in Aktion

Hervé Fonteneau, der in der Region Loire-Atlantique als Landschaftsgärtner tätig ist, benutzt inzwischen nur noch Pflanzenextrakte, insbesondere zur Pflege von Nadelbaumhecken, die häufig krank werden. Er besprüht Blätter und Böden mit folgender Mischung (auf 10 l): 50 cl Brennnesselextrakt, 20 cl Schachtelhalmextrakt + 10 cl Farnextrakt + 20 g Mineralerde zur besseren Haftung an den Blättern. Die Mischung muss die Blätter gut bedecken, ohne von ihnen abzutropfen. Beim Besprühen der Böden reduziert er den Druck der Spritze, damit große Tropfen entstehen.

Diese Behandlung wird während der aktiven Wachstumsperiode alle 15 bis 20 Tage wiederholt, insgesamt also fünf- bis sechsmal. Er empfiehlt, durch Tropfbewässerung die Wirkung des Mittels auf den Boden zu verstärken.

Aus Gründen der Einfachheit behandelt Hervé Fonteneau sämtliche Gärten, in denen er arbeitet, mit einer Mischung aus Brennnesseln, Schachtelhalmen und Farnen. Dabei konnte er feststellen, dass Rosen auch nach 15 Jahren immer noch stark blühen und Kamelien frei von Rußtau bleiben. Auch Zimmerpflanzen, die über den Sommer ins Freie gestellt werden, wie zum Beispiel Ficus, behandelt er sehr erfolgreich mit dieser Mischung.

Kontaktadresse: Hervé Fonteneau, 34 rue de la Basse Cantrie 44120 Vertou, T. 02 40 06 10 24

Repulsive (abwehrende) Mittel

Grüne oder schwarze Blattläuse (Kirschbaum …)	Wermutkraut	Tee (100 g/l, anschließend auf 20 Prozent verdünnen). Wenn der massive Befall anhält, anschließend mit Knoblauch behandeln.
Grüne, schwarze, wollige und mehlige Blattläuse	Rhabarber	Kaltauszug (500 g Blätter ohne Stängel in 3 l Wasser; 24 Stunden stehen lassen). Unverdünnt anwenden. 3 Behandlungen innerhalb von 3 Tagen.
Grüne Blattläuse	Efeu Schwarzer Holunder	Unverdünnte Brühe (100 g/l). Gute Ergebnisse bei Rosenstöcken. Brühe: 1 kg junge Blätter in 10 l Wasser 24 Stunden einweichen, anschließend 30 min lang kochen. Unverdünnt anwenden.
Wollige Obstblutlaus	Adlerfarn oder echter Wurmfarn	Fermentationsextrakt (1 kg frisch gepflückte Blätter auf 10 l Wasser). Unverdünnt anwenden. Zu Saisonbeginn einsetzen, danach weniger wirksam.
Kohlweißling und Erdfloh	Wermutkraut Hanf	Tee (100 g/l), unverdünnt am Abend verwenden. Tee aus Blättern oder Brühe aus Wurzeln (siehe S. 47).
Blattfressende Raupe	Rhabarber	Kaltauszug (500 g Blätter ohne Stängel in 3 l Wasser); 24 Stunden stehen lassen. Unverdünnt anwenden. 3 Behandlungen innerhalb von 3 Tagen. Zugefügtes Minze-Terpen sorgt für bessere Haftung.
	Mischung	Mischung aus vier Pflanzen (Seifenkraut, Echter Salbei, Weinraute, Pfefferminze). 250 g trockene Pflanzen bzw. 1 kg frische Pflanzen in 10 l kaltem Wasser auf 90 °C erhitzen. Verdünnung: 1 : 20.
Rebzikaden	Adlerfarn	Fermentationsextrakt (1 kg auf 10 l Wasser), anschließend auf 10 Prozent verdünnen, zum Sprühen. Frühzeitig behandeln, von Mitte April bis Ende Juni.
Milben	Brennnessel	Kaltauszug (100 g frisch gepflückte Blätter in 1 l Wasser bei einer Temperatur von 18–20 °C 24 Stunden ziehen lassen). Unverdünnt anwenden. 3 Behandlungen innerhalb eines Monats.
	Schachtelhalm	Brühe aus trockenen Pflanzen (250 g/10 l), eine Stunde kochen, dann abkühlen lassen, filtern, die Pflanzen dann mit einer 20-prozentigen Verdünnung abends behandeln. 3 Behandlungen mit jeweils einer Woche Abstand.
Maulwürfe	Kreuzblättrige Wolfsmilch	Fermentationsextrakt (800 g/10 l), unverdünnt zum Gießen entlang der Furchen oder rund um die zu schützenden Pflanzen. Wirkt 15 Tage lang.
	Schwarzer Holunder	Fermentationsextrakt (1 kg/10 l), unverdünnt in die Furchen gießen. Weniger wirksam als Kreuzblättrige Wolfsmilch und bei Regen völlig wirkungslos. Die Milch der Pflanze sorgt für bessere Haftung: Selbst nach mehreren Wochen kann der Geruch an den Erdschollen noch festgestellt werden.

Insektizide Mittel

Blattläuse	Knoblauch	100 g geschälte Knoblauchzehen durch die Knoblauchpresse drücken und dann in 2 EL Olivenöl* 12 Stunden ziehen lassen. 1 l Wasser darübergießen, anschließend durch ein feines Sieb pressen. Eine Woche ruhen lassen. Anschließend auf 5 Prozent verdünnen.
Grüne und schwarze Blattläuse	Beinwell	Brühe (8 gehackte Blätter 20 min in 1 l Wasser kochen). 12 Stunden ruhen lassen. Nach dem Filtern unverdünnt anwenden.
	Brennnessel	Rezept von Christian Paluanzella, Biodynamiker im Département Haute-Savoie: unverdünnter Tee aus frischen (100 g/l) oder getrockneten (10 g/l) Blüten.
Apfelwickler (Obstmade)	Brennnessel	Kaltauszug (100 g frisch gepflückte Blätter in 1 l Wasser bei einer Temperatur von 18–20 °C 24 Stunden ziehen lassen. Unverdünnt anwenden). 2 Behandlungen Anfang April (sobald sich 3 Apfelwickler in einer Pheromonfalle befinden) und 1 Behandlung im Mai. Brühe (100 g frische Blätter auf 1 l Wasser, auf 20 Prozent verdünnen).
	Wermutkraut Rhabarber	Kaltauszug (500 g Blätter ohne Stängel in 3 l Wasser; 24 Stunden stehen lassen). 3 Behandlungen innerhalb von 3 Tagen. Wermutkraut und Rhabarber können gemischt werden.
Milben	Knoblauch	Brühe (70 g/l Wasser, auf 30 Prozent verdünnen, 3 Behandlungen im Abstand von 3 Tagen).
Mottenschildlaus (Weiße Fliege)	Weinraute	Kaltauszug aus frischen Blättern (80 g/l, anschließend auf 20 Prozent verdünnen).
	Beinwell	Rezept von Claude Aubert: Brühe (8 gehackte Blätter 20 min in 1 l Wasser kochen lassen). 12 Stunden ruhen lassen. Nach dem Filtern unverdünnt anwenden.
	Rainfarn	Fermentationsextrakt (die ganze Pflanze zum Zeitpunkt der Blüte, 13 kg auf 10 l Wasser, unverdünnt anwenden). Soll insbesondere die Eiablage verhindern.
Kohlfliege und Kohlmottenschildlaus	Dalmatinische Insektenblume und Weinraute	Fermentationsextrakte, die separat zubereitet und auf 10 Prozent verdünnt werden. Garantierte durchschlagende Wirkung. Achtung: Weinraute kann Dermatitis hervorrufen.
Möhrenfliege	Zwiebel	Fermentationsextrakt aus roten oder gelben Zwiebelschalen (20 g bzw. 1 Handvoll Zwiebelschalen auf 1 l Wasser), auf 5 Prozent verdünnen. Die Pflanzen Ende Juni zweimal mit einer Woche Abstand behandeln.
Zwiebelfliege	Knoblauch	100 g geschälte Knoblauchzehen durch die Knoblauchpresse drücken und dann in 2 EL Öl (vorzugsweise Olivenöl) 12 Stunden ziehen lassen. 1 l Wasser darübergießen, anschließend durch ein feines Sieb pressen. Eine Woche ruhen lassen. Anschließend auf 5 Prozent verdünnen.
Erdfloh	Schwarzer Holunder	Brühe: 1 kg junge Blätter in 10 l Wasser 24 Stunden einweichen, anschließend 30 min lang kochen. Unverdünnt anwenden, vorzugsweise am Abend.

* Lein- oder Paraffinöl können ebenfalls verwendet werden, aber Olivenöl enthält mehrfach ungesättigte Fettsäuren, in denen die aktiven Knoblauchmoleküle eingeschlossen werden. So werden sie später besser freigesetzt. Wir empfehlen die Verwendung von Bio-Öl!

Mittel zur Krankheitsbekämpfung

Monilia (Steinobstbäume)	**Schachtelhalm**	Brühe (50 g getrocknete Pflanzen auf 5 l Wasser). 1 Stunde kochen, anschließend auf 20 Prozent verdünnen. 3 Behandlungen: Anfang April, im Mai und Juli–August.
	Brennnessel	Reine Wurzelbrühe (100 g Wurzeln, die zuvor 24 Stunden in 1 l Wasser eingeweicht wurden, anschließend 30 min in siedendem Wasser köcheln lassen). Unverdünnt verwenden. Dieser Brühe kann eventuell eine Schachtelhalmbrühe hinzugefügt werden (siehe oben).
	Meerrettich	Tee (300 g Blätter und Wurzeln zu gleichen Teilen auf 10 l Wasser). Die Pflanzen unverdünnt damit besprühen. Anwendung: gleicher Zeitpunkt wie Schachtelhalm.
Rost (Rosenstück, Obstbaum, Stockrose)	**Adlerfarn oder Echter Wurmfarn**	Rezept von Jean-Claude Chevalard: unverdünnter Fermentationsextrakt. Empfindliche Pflanzenarten ab Mai damit behandeln, später wiederholen.
	Schachtelhalm	Brühe (50 g getrocknete Pflanzen auf 5 l Wasser). 1 Stunde kochen, anschließend auf 10 Prozent verdünnen. 3 bis 5 Behandlungen im Abstand von jeweils 1 Woche.
	Rainfarn	Rainfarntee: 100 g Blüten auf 10 l Wasser. Auf 90 °C erhitzen. Auf 5 Prozent verdünnen.
Johannisbeerrost	**Wermutkraut**	Unverdünnter Fermentationsextrakt aus der ganzen Pflanze.
	Knoblauch	100 g geschälte Knoblauchzehen durch die Knoblauchpresse drücken und dann in 2 EL Öl (Lein- oder Paraffinöl) 12 Stunden ziehen lassen. 1 l Wasser darübergießen, anschließend durch ein feines Sieb pressen. Eine Woche ruhen lassen. Anschließend auf 5 Prozent verdünnen. Die gleiche Zubereitung eignet sich zur Vertreibung von Zwiebelfliegen.
Schorf (Apfel- und Birnbäume)	**Schachtelhalm**	Brühe (250 g getrocknete Pflanzen auf 10 l Wasser). 1 Stunde kochen, anschließend auf 20 Prozent verdünnen. 3 bis 5 Behandlungen im Abstand von jeweils 1 Woche (ab April, dann im Mai und Juli–August).
Kräuselkrankheit der Pfirsichbaumblätter	**Schachtelhalm**	Brühe (250 g getrocknete Pflanzen auf 10 l Wasser). 1 Stunde kochen, anschließend auf 20 Prozent verdünnen. 3 bis 5 Behandlungen im Abstand von jeweils einer Woche ab Knospenaufbruch, anschließend im Mai
	Knoblauch	Praktisches Heilmittel ab April. 100 g geschälte Knoblauchzehen durch die Knoblauchpresse drücken und dann in 2 EL Öl (Oliven- oder Paraffinöl) 12 Stunden ziehen lassen. 1 l Wasser darübergießen, anschließend durch ein feines Sieb pressen. Eine Woche ruhen lassen. Danach auf 5 Prozent verdünnen. Seien Sie unbesorgt, wenn der Pfirsichbaum massenhaft Blätter verliert. Wirkt auch gegen Zwiebelfliegen und Sternrußtau (Schwarzfleckenkrankheit der Rosenstöcke).
Obstbaumkrebs	**Kapuzinerkresse und Ampfer**	Tee (500 g von jeder Pflanze auf 5 l Wasser) unverdünnt direkt auf die vom Obstbaumkrebs befallenen Stellen sprühen.

Apfelmehltau	**Ampfer**	Fermentationsextrakt (150 g gehackte Wurzeln auf 10 l Wasser). Unverdünnt auf den Boden unter der Baumkrone gießen.
Bakteriose (insbesondere bei Himbeersträuchern)	**Schachtelhalm**	Brühe (250 g getrocknete Pflanzen auf 10 l Wasser). 1 Stunde kochen, anschließend auf 20 Prozent verdünnen. 3 bis 5 Behandlungen im Abstand von jeweils einer Woche. Ab April, dann Behandlung nach 10 Tagen und nochmals unmittelbar danach.
	Brennnessel	Reine Wurzelbrühe (100 g Wurzeln, zuvor 24 Stunden in 1 l Wasser einweichen, anschließend 30 min in siedendem Wasser köcheln). Unverdünnt anwenden, nachdem die gleiche Menge Fermentationsextrakt aus Blättern des Schwarzen Holunders (1 kg/10 l auf 10 Prozent verdünnen) hinzugefügt wurden. Dieses Rezept wirkt sowohl vorbeugend als auch heilend. Spektakuläre Wirkung.
Graufäule von Erdbeerpflanzen	**Knoblauch**	100 g geschälte Knoblauchzehen durch die Knoblauchpresse drücken und dann in 2 EL Öl (Oliven- oder Paraffinöl) 12 Stunden ziehen lassen. 1 l Wasser darübergießen, durch ein feines Sieb pressen. 1 Woche ruhen lassen. Anschließend auf 5 Prozent verdünnen. Keine Sorge, die Erdbeeren nehmen keinen Knoblauchgeschmack an! Die gleiche Zubereitung eignet sich zur Vertreibung von Zwiebelfliegen und gegen Kräuselkrankheit der Pfirsichbaumblätter.
	Brennnessel	Reine Wurzelbrühe (100 g Wurzeln, 24 Stunden in 1 l Wasser eingelegt, anschließend 30 min in siedendem Wasser geköchelt). Unverdünnt anwenden.
Kraut- und Knollenfäule von Kartoffeln und Tomaten	**Große Klette**	Fermentationsextrakt (1 kg/10 l, zum Besprühen auf 20 Prozent verdünnen); 3 Behandlungen im Abstand von jeweils 10 Tagen. Diese Zubereitung kann mit einem Salbei-Fermentationsextrakt verbunden werden (gleiche Verdünnung, separate Fermentation der beiden Extrakte). Beste Wirkung (getrocknete Blätter der großen Klette reichen, um zahlreiche Mehltauprobleme zu lösen).
	Echter Salbei	Tee aus echtem Salbei 250 g in 10 l kaltem Wasser, auf 90 °C erhitzen. Auf 5 Prozent verdünnen. Oder Sie bestreuen den Boden mit einer Mischung aus getrocknetem Salbei und getrockneter Großer Klette (10 bis 30 g pro Quadratmeter). Vor Regen oder anschließend gießen.
	Rainfarn	Kaltauszug (30 g getrocknete Blüten auf 1 l Wasser, 3 Tage ziehen lassen, unverdünnt anwenden). 3 bis 5 Behandlungen im Sommer (ab Mitte Juni, alle 3 Wochen).
Umfallkrankheit von Keimpflanzen	**Knoblauch**	Brühe (100 g gehackte Knoblauchzehen auf 1 l Wasser), 5 min kochen. 1 Stunde ruhen lassen. Unverdünnt anwenden.
	Brennnessel	Rezept von Christian Paluanzella, Biodynamiker im Departement Haute-Savoie: unverdünnter Tee aus frischen (100 g/l) oder getrockneten (10 g/l) Blüten.

Schafgarbe wirkt ausgezeichnet in Verbindung mit allen anderen fungiziden Pflanzen. Als Tee verwenden (20 g getrocknete Blüten auf 1 l Wasser), den anderen Zubereitungen hinzufügen (1 l auf 10 l Zubereitung).

WIE SIEHT DIE ZUKUNFT DER EXTRAKTE AUS?

Der Einsatz von Pflanzenextrakten steht noch ganz am Anfang seiner Entwicklung. Man sollte auf keinen Fall glauben, hierzu sei schon alles gesagt oder geschrieben. Ganz im Gegenteil, es gibt noch viel zu entdecken! Und daran können sich gar nicht zu viele von uns beteiligen … Wie wäre es, wenn auch Sie der Experimentiererfamilie beitreten würden? Dazu reichen ein wenig Neugierde, Sorgfältigkeit und Geduld, also ganz typische Gärtner-Eigenschaften. Mit etwas methodischem Vorgehen können Sie Ihre Fortschritte auch anderen Gärtnern zugänglich machen. Und Sie könnten sich dafür starkmachen, dass der Gebrauch von Pflanzenextrakten ernst genommen wird, denn nach wie vor wird deren allgemeine Verbreitung von bestehenden Regelungen bedroht.

Machen Sie Ihre eigenen Versuche!

MÖGLICHER
VERSUCHSAB-
LAUF

Getestet werden soll die Auswirkung von fermentiertem Brennnesselextrakt auf Tomaten. Dafür werden die Tomaten in zwei Gruppen eingeteilt: eine Test- und eine Kontrollgruppe.

Die Tomaten werden direkt beim Pflanzen und anschließend alle 14 Tage einmal behandelt. Schreiben Sie das Datum der ersten Blüte und der ersten reifen Tomate auf.

Ernten Sie möglichst einmal pro Woche und wiegen Sie den jeweiligen Ertrag. Die Messergebnisse halten Sie in einer Tabelle fest, und am Ende der Saison vergleichen Sie die Testgruppe mit der Kontrollgruppe.

Zeichnen Sie auch das Auftreten von Mehltau und dessen Schwere auf.

Pflanzenextrakte sind ein ganz neues Gebiet, auf dem jeder Einzelne seinen Beitrag leisten kann. Wenn Sie gern experimentieren und Kochrezepte ausprobieren, wie wäre es dann, wenn Sie dem „Klub der Experimentierer" beiträten?

Wenn Sie dabei nach präzise festgelegten Versuchsprotokollen vorgehen, können Sie dazu beitragen, bereits Bekanntes um neue und seriöse Erkenntnisse zu erweitern. Das mag kompliziert erscheinen, ist es aber nicht, denn eigentlich geht es nur darum, mit etwas mehr Methode vorzugehen. Nur so können möglichst klare Informationen weitergegeben und der Vergleich zwischen verschiedenen Regionen oder Ländern ermöglicht werden.

Ein systematisches Vorgehen kann nicht schaden

Wir empfehlen Ihnen folgende Schritte:

- Zunächst einmal stellen Sie eine Hypothese auf: Zum Beispiel glauben Sie, dass ein bestimmter Extrakt den Blattlausbefall auf einer bestimmten Pflanze effizient bekämpfen könnte. Oder dass ein anderer Extrakt sich stimulierend auf eine kränkelnde Geranium-Topfpflanze auswirken könnte.
- Teilen Sie die Pflanzen in zwei Hälften, von denen eine als Kontrollgruppe dient und nicht behandelt wird. Denn wie könnten Sie sonst Vergleiche anstellen?
- Beschriften Sie jede Gruppe sofort sorgfältig und so präzise wie möglich. Angaben wie „3X2P" verstehen Sie vielleicht selbst schon bald nicht mehr …
- Führen Sie Buch über Versuchsinhalt und -datum, über die Witte-

rungsbedingungen und Ihre täglichen Beobachtungen. Letztere sollten Sie in Zahlen ausdrücken: Gewicht der Erntemengen, Anzahl von (toten und lebendigen) Blatt- oder Schildläusen unter dem Binokular. Und machen Sie Fotos!
- Werten Sie Ihre Beobachtungen aus: Kann ein signifikanter Unterschied zur Kontrollgruppe festgestellt werden?
- Wiederholen Sie den Versuch mindestens zweimal auf exakt gleiche Weise. Kommen Sie zum gleichen Ergebnis? Wenn ja, dann haben Sie schon eine gute Grundlage. Wenn nein, ist das nicht schlimm, aber dann sollten Sie versuchen, die Gründe zu verstehen. Können die Abweichungen zum Beispiel mit dem Alter der Pflanzen, den Witterungsverhältnissen, dem Mond (falls berücksichtigt), dem Zeitpunkt der Behandlung (morgens oder abends) erklärt werden?
- Sollten keine erheblichen Unterschiede festgestellt werden können, ist dies nicht als Misserfolg zu deuten, sondern ebenso aussagekräftig wie ein „gelungener" Versuch. So konnte Jean-Claude Chevalard, ausgehend von derartigen Fehlschlägen, zum Beispiel die wichtige Bedeutung von nicht-kalkhaltigem Wasser für Fermentationsextrakte feststellen.
- Wenn sich Ergebnisse an einer Pflanze regelmäßig bestätigen, dann sollten Sie zunächst den gleichen Versuchsablauf an anderen Pflanzen ausprobieren und anschließend die Behandlung an diese anpassen. Schreiben Sie weiterhin alles auf.

Einige Ansatzmöglichkeiten

Am Anfang seiner Laufbahn als Experimentierer hat man oft Lust, querbeet alles Mögliche auszuprobieren. Dabei ist es viel nützlicher, sich zunächst einer einzigen Pflanze zu widmen, die man gern mag und mit der man vertraut ist. Auf keinen Fall sollten Sie jedoch Zahlen manipulieren, um ungerechtfertigte Ergebnissen zu erzielen. Vergessen Sie nicht, dass andere Ihre Tests wiederholen werden!

Hier einige Versuchsansätze, die zum Wohle aller zur Ausbreitung von Pflanzenextrakten beitragen können:

- Stellen Sie einen vergleichenden Test zwischen Ihrem Fermentationsextrakt und einem im Handel erhältlichen Extrakt an.
- Folgen Sie Ihrem Gefühl und testen Sie andere Wirkungen an den genannten Pflanzen: Wirkt zum Beispiel ein bestimmter Extrakt fungizid oder insektizid? Auf welche Insekten, in welcher Dosierung, an welcher Pflanze und zu welcher Jahreszeit? Wird eine Pflanze von einem bestimmten Extrakt besser stimuliert als von einem anderen?
- Machen Sie Versuche mit anderen Pflanzen aus Ihrem Garten. Folgende Pflanzen zum Beispiel lassen eine positive Wirkung erhoffen: Brokkoli, Pelargonie, Senf, Thymian, Katzenminze, Borretsch, Engelwurz oder Spinat.
- Testen Sie verbreitet anzutreffende wild wachsende Pflanzen – natürlich ohne seltene Pflanzen einfach auszureißen und damit der Artenvielfalt zu schaden! Wie wäre es zum Beispiel mit Extrakten aus Brombeerholz, Esche, Weißdorn, Maikraut, Heide, Distel oder Nussbaum?
- Die Versuche sind zeitaufwendig, deshalb sollten Sie sich nicht verzetteln. Wenn Sie jedes Jahr eine oder zwei Pflanzen untersuchen, dann ist das schon sehr gut!
- Testen Sie Extraktmischungen und vergessen Sie nicht, dass die Extrakte möglichst getrennt zubereitet werden sollten. Notieren Sie sich die Dosierung!

W o immer in Frankreich von Brennnesseljauche die Rede ist, kommt auch
der Name Jean-Claude Chevalard ins
Gespräch. Durch seinen Einsatz – nicht nur im
eigenen Land – ist er zu einer Referenz in diesem
Bereich geworden.

Jean-Claude Chevalard
Der erste Brennnessel-Praktiker

Jean-Claude Chevalard ist überzeugter Autodi-
dakt und gehört dank seiner intuitiven Herange-
hensweise und seiner meist richtigen Einschätzung
von Situationen zu den einschlägigen Fachleuten
seiner Branche. Er hat sich als Erster mit der genau-
en Herstellung von fermentierten Pflanzenextrakten beschäftigt und damit die Phase ungenauen
Experimentierens beendet, deren zufallsbedingte
Ergebnisse für die Wertschätzung der Brennnessel
beinahe fatale Konsequenzen gehabt hätte.

Ihm kommt auch das Verdienst zu, die breit an-
gelegte Herstellung von Brennnesselextrakten zu
einer Zeit eingeleitet zu haben, als noch niemand
an deren Erfolgschancen glaubte. Heute leitet er
die größte französische Produktionseinheit für
fermentierte Pflanzenextrakte.

Jean-Claude ist unermüdlich, wenn es darum
geht, sich an der Entwicklung von neuen Mitteln
zu beteiligen (Mischungen, Untersuchungen zu
neuen Pflanzen usw.). Gleichzeitig führt er seine Feldarbeit mit Bauern, Landschaftsgärtnern,
Baumschulen usw. fort, denen er mit qualitativen
Produkten und Ratschlägen zur Seite steht.

Jauche aus Kreuzblättriger Wolfsmilch

Nichts für feine Nasen

Wir haben ja bereits darauf hingewiesen, dass Pflanzenextrakte, auch wenn sie nicht gerade nach Rosen duften, doch nie übermäßig schlecht riechen sollten. Eine Ausnahme bestätigt diese Regel: Pflanzenjauchen, die zur Abschreckung von Nagetieren eingesetzt werden; insbesondere dann, wenn sie auf Basis der Kreuzblättrigen Wolfsmilch hergestellt werden.

Weichen Sie Ihre Pflanzen in einem unverschlossenen Mülleimer ein.

Lassen Sie die Mischung faulen und filtern Sie sie, nachdem Sie die Stängel herausgenommen haben. Danach können Sie die Flüssigkeit entweder direkt mit der Gießkanne in die Löcher der Nagetiere schütten oder sie noch feiner filtern und in einem kleinen undurchsichtigen und gut gefüllten Kanister lagern.

Erics Garten am Fuße des Jura

E ric bringt viele positive Eigenschaften mit: Liebe zum Detail, Interesse am Beobachten und große Sensibilität den Pflanzen gegenüber. All dies ist äußerst nützlich beim Auslichten der Pflanzen, das er mit chirurgischer Genauigkeit betreibt. Mit dem Experimentieren hat er vor 13 Jahren im Obstgarten eines Kunden begonnen. Seine Infusionen aus Algensaft und Brennnessel-Kaltauszug sorgten damals für allgemeine Belustigung … Anschließend wandte er sich den fermentierten Extrakten zu, wobei die Brennnessel immer eine besondere Rolle einnahm. Heute arbeitet er mit gut dreißig verschiedenen Pflanzen.

Eric Petiot
Experimente aus Leidenschaft

Vor zehn Jahren begann Eric, seine Versuchsergebnisse aufzuzeichnen. Damals hatte er bereits viel Feldarbeit geleistet und war zu der Erkenntnis gekommen, dass er mit den vorhandenen Methoden und Mitteln nicht weiterkommen konnte. Fest definierte Versuchsprotokolle haben ihm dabei geholfen, Zusammenhänge besser zu verstehen und zu analysieren.

Besonders interessiert er sich für die verschiedenen Zustände des Wassers in den Pflanzen und deren energetische Auswirkungen. Aus getrockneten Pflanzen hergestellte Fermentationsextrakte vergleicht er mit solchen aus frischen Pflanzen. Schließlich machte er völlig neue Entdeckungen mit Blick auf den Einsatz von ätherischen Ölen im Garten.

Sein Wissen gibt er auch in Kursen weiter, die er selbst organisiert.

Eric Petiot – für keinen Preis der Welt würde er sich einen morgendlichen Gartenspaziergang entgehen lassen. Bei dieser Gelegenheit schaut er sich Blätter genau an und stellt so eventuelle Problemchen fest.

Der Einsatz von Pflanzenextrakten ist nur eine von Erics Methoden. Darüber hinaus macht er bereits seit Jahren Versuche zum Zusammenleben von Pflanzen. So pflanzt er Obstbäume nicht isoliert, sondern integriert sie in große Pflanzengruppen, wobei er zum Beispiel Aromapflanzen am Fuß von Bäumen ansiedelt.

Eric ist ständig auf der Suche nach staudenförmigen Gemüsesorten wie mehrjährigen Zwiebeln.

„Raupen" gibt es bei Eric nicht. Er will immer den korrekten Namen der jeweiligen Art kennen, ihr Aussehen im adulten Stadium und ihre Lieblingspflanzen. Mit der gleichen Akribie geht er auch bei Blattläusen und Milben vor.

Große Nutzpflanzen setzt Eric in die Ecken seiner Beete, wo sie viel Platz zum Gedeihen finden.

Ein Blick von Erics Holzhaus auf den Garten: große rechteckige Beete, die mit vierkantigen Stämmen eingefasst und von Wegen und Grasflächen getrennt sind. Als Landschaftsgärtner legt Eric viel Wert auf die Ästhetik seines Gartens. Das erklärt auch die zahlreichen Blumen, die sich oft spontan neu aussäen. Im Winter lässt er die Erde nicht bloß liegen, sondern bedeckt sie mit Hanf.

Wer hat Angst vor Brennnesseljauche?

Es ist davon auszugehen, dass den Pflanzenextrakten eine blühende Zukunft bevorsteht, und zwar sowohl im Garten als auch in der Landwirtschaft. Das zeigen Versuche, die von offiziellen Stellen wie der Landwirtschaftskammer des südfranzösischen Departements Gard durchgeführt werden. Diese hatte sich mit einem starken Drahtwurmbefall an Frühkartoffeln auseinanderzusetzen. Fast alle Knollen waren davon betroffen und somit unverkäuflich geworden. Kein chemisches Mittel half.

Erst durch kombinierte Anwendung von Rizinuskuchen und fermentiertem Adlerfarnextrakt (2 Besprühungen von je 200 l pro ha in Form einer auf 10 Prozent verdünnten Brühe) konnte der Anteil der unversehrten Knollen auf 83 % erhöht werden. Nach dem Einsatz der chemischen Mittel hatte dieser bei wirtschaftlich unvertretbaren 55 % gelegen.

Die Frage nach der potenziellen Gefahr

Weder von den Extrakten noch von ihnen verwandten Produkten ist jemals eine Gefährdung

der öffentlichen Gesundheit ausgegangen. Ganz im Gegenteil. Denn selbst wenn sie schlecht zubereitet wird, hat die „Jauche" eine positive Wirkung auf die Umwelt.

Natürlich sind die Extrakte nicht völlig inoffensiv, sonst blieben sie ja auch wirkungslos. In reiner Form können sie sich sogar negativ auf die Umwelt auswirken, allerdings nur vorübergehend, denn schließlich werden sie in nur wenigen Tagen zu 100 % biologisch abgebaut.

Es gibt Menschen, die Brennnesselextrakt zur Kräftigung trinken – und ihnen geht es sehr gut dabei! Außerdem haben Versuche gezeigt, dass der Extrakt in homöopathischer Dosierung zahlreiche Probleme in der Tierzucht bekämpfen kann, wie ja bereits im Kapitel zu Raymonde Gal (siehe S. 76) beschrieben.

Wirklich außergewöhnliche Mittel, voller Leben und Komplexität

Weiter stellt sich die Frage, wie diese natürlichen „Cocktails" mit gewöhnlichen Syntheseprodukten verglichen werden können, die nur wenige Moleküle enthalten. Denn die Effizienz der Extrakte wird durch ihre zahlreichen Wirkstoffe garantiert, und diese entstehen eben erst bei der Fermentierung. Die Extrakte stimulieren die Abwehrkräfte der Pflanzen und helfen ihnen, die vorhandenen mineralischen Bodenressourcen besser zu nutzen. Wer nur Stickstoff einsetzt – ob in organischer oder mineralischer Form –, lässt sich die wichtigsten Effekte entgehen. Und wer Pflanzenextrakte nur als verdünnte organische

Am 23. Juli 2007 weihte der Landschaftsgärtner Gilles Clément eine „Brennnesselextraktquelle" mit freier Bedienung ein. Diese versteht er als Protest gegen sehr zweifelhafte und übertriebene Hygienevorstellungen, mit denen Bürger daran gehindert werden sollen, ihren Garten nach eigenen Vorstellungen zu bestellen.

Das symbolträchtige Werk wurde auf der Kunstausstellung von Melle in Westfrankreich im Rahmen eines „Wasser- und Brennnesselgartens" gezeigt.

Wieder so ein brennender Nesselfan …

Am 15. Juli führte eine Tanztruppe um Rolland und Claudia im „Zaubergarten" in Südwestfrankreich einen „Tanz zur Brennnesseljauche" auf. Auch das eine Initiative, die die Symbolkraft dieses Kampfs für die Freiheit, nach eigenen Vorstellungen zu gärtnern, unterstreicht. Allen Mitwirkenden sei herzlich gedankt.

Düngemittel ansieht, der hat nichts von ihrer Wirkungsart verstanden. Mit dieser eingeschränkten Betrachtungsweise wird die wirtschaftliche Zukunft dieser innovativen Mittel und ihrer alternativen Einsatzmöglichkeiten gefährdet.

Vergleichen wir lieber wirklich Vergleichbares! Heute interessiert sich die konventionelle Pflanzenschutzbranche nicht für diese Produkte, da sie ihr nicht ertragsversprechend genug erscheinen. Denn natürlich ist es für die Industrie viel interessanter, ein Wundermolekül zu isolieren und es zu überteuerten Preisen in einer ordnungsgemäß anerkannten Zubereitung zu verkaufen! Jedoch gehen damit alle positiven Wirkungen verloren, die allein der Extrakt aufgrund seiner Komplexität gewährleisten kann. Diese Eigenschaft allein verdient bereits eine besondere Aufmerksamkeit!

Die Eigenherstellung: höchstens ein Kompromiss

Gleich vorweg zur Beruhigung: Das bestehende oder zukünftige Verbot des Verkaufs von Pflanzenextrakten gilt nicht für deren Nutzung!

Dann muss man sie eben selbst herstellen! Das ist eine gute Idee, und wir haben Sie in diesem Buch ja auch mehrfach dazu aufgerufen. Aber es wäre ein schwerer Fehler, zu meinen, damit könnte das Problem an sich gelöst werden.

Dafür gibt es verschiedene Gründe: Zunächst einmal die technischen Kenntnisse und der Zeitbedarf – an beiden mangelt es sowohl Landwirten als auch Hobbygärtnern, die zu stark im Beruf eingespannt sind, um viel Zeit für ihren Garten zu haben. Sie kaufen also ihre Pflanzenschutzmittel im Handel, können sie aber vor allem aufgrund mangelhafter Beratung nicht immer richtig einsetzen.

Wenn man sich vorstellt, dass ein mit Syntheseprodukten behandelter Quadratmeter Garten drei- bis viermal stärker belastet ist als ein Quadratmeter landwirtschaftliche Nutzfläche, dann wird klar, dass hier echter Handlungsbedarf besteht!

Denken wir also an diejenigen, denen es an Zeit mangelt und die sich darüber freuen, fertigen Brennnessel- oder Beinwellextrakt im Geschäft zu finden, den sie nur noch verdünnen müssen, bevor sie ihren Garten damit auf sanfte Art behandeln können.

Bekräftigung der Erzeuger, denn sie bringen die Kenntnisse voran

Darüber hinaus befinden wir uns – wie bereits in der Einführung dieses Buchs erwähnt – noch in der Vorgeschichte des Einsatzes von Pflanzenextrakten zur Rettung von Pflanzen. Es kann also davon ausgegangen werden, dass noch ganz einschneidende Fortschritte zu erwarten sind.

Doch um diese zu erzielen, müssen sowohl die öffentliche Forschung – die noch in den Kinderschuhen steckt – als auch private Initiativen gefördert werden. Denn so kritisch man der Marktwirtschaft gegenüber eingestellt sein mag, muss man doch anerkennen, dass ohne sie keine schnelle Weiterentwicklung möglich ist.

So konnte erst durch das Interesse einiger Unternehmer für die Pflanzenextrakte mit den Irrtümern der Vergangenheit und der Unbeweglichkeit des Traditionsbewusstseins aufgeräumt werden. Hierfür wurde es – wie Ihnen sicher beim Lesen dieses Buches klar geworden ist – höchste Zeit! Nur weil die „Brennnesseljauche" in den Regalen der Gartengeschäfte angekommen ist, konnten die diesbezüglichen Kenntnisse auf den hier dargestellten Stand gebracht werden. Davon ermutigt, haben sich die Erzeuger daran gemacht, ihre Forschungen weiterzuführen, auch wenn sie dabei oft auf reine Intuition aufbauen.

So kann also davon ausgegangen werden, dass wir uns ohne die Vermarktung der Pflanzenextrakte noch heute wundern würden, warum

ihnen bei der Kommunikation helfen und an den Grundlagen mitarbeiten, um so dafür zu sorgen, dass die Branche endlich ernst genommen wird.

Erfolgreiche Methoden erfassen

Ein erster Schritt hierfür wäre die Zulassung dieser (heute gemeinhin als „wenig bedenkliche Naturprodukte" bezeichneten) Produkte in einer eigenen Klasse. Anschließend sollten einschlägige Produktionsmethoden gesammelt und so eine Standardisierung ermöglicht werden. In diesem Sinne wurde auch das vorliegende Buch veröffentlicht, das zumindest die bestehenden und potenziellen Extrakthersteller davor bewahren sollte, völlig wahllos vorzugehen.

unsere Brennnesseljauche nur ab und zu die gewünschte Wirkung erzielt.

Wir sollten der kleinen Gruppe Querdenker dankbar sein, die Pflanzenextrakte schon zu einer Zeit verkauften, als diese noch milde belächelt wurden. Und wir sollten sie beim Weitermachen unterstützen, denn auch hier belebt die Konkurrenz das Geschäft und führt – zumindest teilweise – zu Fortschritten. Wir sollten ihnen beistehen,

---

Der „Brennnesselkrieg" in Frankreich (siehe auch Anhang)

In den vergangenen Jahren gab es in Frankreich viele angeregte Diskussionen um die handelsrechtliche Zulassung von fermentierten Pflanzenextrakten. Dabei ging es teilweise so leidenschaftlich zu, dass von einem wahren „Brennnesselkrieg" zwischen Behörden und Anhängern der alternativen Gartenbestellung die Rede war.

Bis jetzt haben in Frankreich die fermentierten Extrakte nach wie vor keine Handelszulassung, abgesehen von einer „falschen Brennnesseljauche" und vorausgesetzt, diese trägt keine Gebrauchsanweisung (auch nicht auf der Packung). Da verschlägt es einem doch die Sprache!
Da aber sowohl von politischer Seite als auch bei den Verbrauchern ein echter Wille besteht, diese wenig bedenklichen Naturprodukte aus dem Verbotsrahmen herauszunehmen, wird ihr Verkauf durch die zuständigen Behörden (Landwirtschafts- und Finanzministerium) toleriert. Somit lautet die eigentliche Frage heute, wie lange dieser Zustand noch andauern wird. Die Antwort darauf steht wohl in den Sternen …
So steckt die Situation also in einer echten Zwickmühle, was sowohl Erzeuger als auch Verbraucher stark beunruhigt.

Bénédicte und Vincent Mazière
Ehemalige Extrakthersteller

Vincent und Bénédicte Mazière benutzten handelsübliche 80-l-Mülleimer. Bevorzugt in schwarzer Farbe, um mit der einstrahlenden Sonnenwärme im Frühling und Herbst die Fermentationstemperatur anzuheben.

Mit etwas Gewöhnung fiel es ihnen leicht, das Endstadium der Fermentation an der dünnen undurchsichtigen Schicht an der Oberfläche der Flüssigkeit sowie an den auf den Boden gesunkenen festen Rückständen zu erkennen.

Dann war es an der Zeit, die Flüssigkeit aus den Eimern zu entnehmen und zu filtern, wozu sie wunderbare, von einem örtlichen Handwerker hergestellte Siebe verwendeten. Die fertigen Extrakte lagerten sie in einem Vorratskeller ein.

Bénédicte beobachtete täglich das Voranschreiten der Fermentation und rührte die Flüssigkeit mit einem dicken Stock immer abwechselnd dreimal rechts- und dreimal linksherum.

Die Mülleimer füllten sie bis oben mit 6,5 kg zerstoßene Brennnesseln und 65 l Quellwasser. Während der Fermentation verschlossen sie die Mülleimer mit den dazugehörigen Deckeln, da sie davon ausgingen, dass die eingeschlossene Luft für die Fermentation ausreichte. So entwichen auch wenig Gerüche und Fliegen wurden ferngehalten.

Heute ist Vincent als Koordinator des Vereins AS-PRO PNPP (Association pour la Promotion des Produits Naturels Peu Préoccupants = Verein zur Förderung wenig bedenklicher Naturprodukte) tätig und schult professionelle Gartenarbeiter im Umgang mit ökologischen Gartentechniken.

Anleitung für Ihre Versuche

Gründe für den Versuchsbedarf

Wie bereits erwähnt, werden aus Pflanzen hergestellte Extrakte (darunter Jauchen) nach alten und mündlich überlieferten Methoden und Erfahrungen eingesetzt. Heute wird allgemein davon ausgegangen, dass diese sich auf ernst zu nehmende Grundlagen stützen. Deren weitere Untersuchung – die genaue Wirkung der natürlichen Mittel – ist das Ziel der Versuche. Damit soll also keinesfalls die Arbeit der Wissenschaftler ersetzt werden; vielmehr können diese sich im Folgenden auf die Ergebnisse der Versuche stützen. Und dabei wird wohl auch die eine oder andere vorgefasste Meinung über Bord geworfen werden …

Wie können die Amateur-Versuche aussehen?

2003, als die Frage des Einsatzes und der Genehmigung von Brennnesselextrakt gerade brandaktuell war, hatte der Verein der „Brennnesselfreunde" gemeinsam mit der französischen Zeitschrift „Les quatre saisons du jardinage" („Der Garten im Laufe der Jahreszeiten") deren Leser zur Durchführung von Versuchen aufgerufen. Die Versuche wurden von Rémy Bacher koordiniert (dem dafür herzlich gedankt sei!); sie wurden in drei Ausgaben der Zeitschrift zusammenfassend dargestellt, deren Lektüre wir wärmstens empfehlen.

Der Sinn der Versuchsprotokolle

Wenn ein Versuch in eine objektive Analyse münden soll, setzt dies voraus, dass er mit einem Mindestmaß an systematischem Vorgehen und Disziplin durchgeführt wird.

Insofern ist das Ziel der Protokolle, präzise Regeln zum Ablauf der Versuche festzulegen, die der Experimentierer eng befolgen muss, um die Gültigkeit seiner Ergebnisse zu gewährleisten.

Als Beispiel diene hier das Protokoll zu einem Versuch mit Brennnesseljauche an Tomaten entsprechend den Empfehlungen der oben genannten Zeitschrift.

Ziel und Zweck

- Untersuchung der Wirkung von Brennnesseljauche gegen Mehltaubefall
- Untersuchung der Auswirkung des Mittels auf den Fruchtertrag
- Vergleich eines im Handel verkäuflichen Produktes (J3CAgri) mit einem „hausgemachten" Mittel unter besonderer Berücksichtigung der Qualität der Herstellung und der Kontrolle der Fermentation
- Überprüfung der stimulierenden Wirkung des fermentierten Brennnesselextrakts auf das generelle Gedeihen der Tomaten

Der eigentliche Versuch

Sie gehen nach Ihrer gewöhnlichen Anbaumethode vor (Zeitpunkt von Aussaat und Aussetzen, Vorbereitung des Bodens, Düngung, Zurückschneiden und Abstützen) und verwenden Ihre übliche Tomatensorte.
Stellen Sie 2 bis 3 Gruppen mit je 5 Tomatenpflanzen derselben Sorte zusammen.

Gemeinsamer Versuchsteil bei allen Experimenten:
- Eine Serie, die nicht mit Jauche behandelt wird und als Kontrollgruppe dient.
- Eine Serie, die mit Jauche behandelt wird, die Ihnen geliefert wird. Wir empfehlen, auf folgende Weise vorzugehen:
Mit 20-prozentigem Extrakt angießen (2 l Jauche auf 8 l Wasser); anschließend mit 10-prozentigem Extrakt Blätter besprühen (1 l Jauche auf 9 l Wasser); alle 14 Tage und möglichst morgens.

Zusätzlicher Versuchsteil für diejenigen, die ihre eigene Jauche herstellen:
- Eine Serie mit Ihrer eigenen Jauche, nach exakt den gleichen Bedingungen wie oben (Angießen und anschließend Blattbesprühung alle 14 Tage, gleiche Mengen).

Für jede Gruppe von 5 Tomatenpflanzen festzuhalten Elemente:
- Datum der ersten Blüte
- Datum der ersten Fruchtreife

- Gewicht jeder Ernte
- Datum des Auftretens von Mehltau und von endgültigen Schäden

Tragen Sie diese Elemente in die angefertigte Tabelle ein.

Wichtig: Damit diese in zahlreichen Gärten und verschiedenen Regionen durchgeführten Tests gültig und vergleichbar bleiben, behandeln Sie bitte weder mit Kupferpräparaten noch mit anderen Mitteln gegen Mehltau. Ihre nicht zum Test gehörenden Tomaten können Sie natürlich wie gewohnt spritzen, um Ihre Ernte sicherzustellen.

Ergebnisse und Auswertung

Die Testergebnisse waren überzeugend, denn die Erträge sämtlicher mit gekaufter Jauche (J3C) behandelter Pflanzen übertrafen die der Kontrollgruppen um 20 %.
Die Verfasser der Artikel zu den Tests (R. Bacher und J.-P. Collaert) gaben dazu folgende ergänzenden Kommentare ab:
„Zwar konnte keine einschneidende Wirkung auf den Zeitpunkt der Blüte oder auf die erste Fruchtreife ausgemacht werden, aber dennoch konnten manche Gärtner verschiedene Auswirkungen feststellen:
- Ein beschleunigtes Wachstum der Tomatenpflanzen, kräftigere Stiele und dichteres Blattwerk durch beide Jauche-Produkte.
- Die Früchte der behandelten Pflanzen konnten 5 bis 10 Tage früher als die der Kontrollgruppe geerntet werden. Auch trugen die Testpflanzen mehr reife Früchte und diese waren größer.
- In einigen der oben genannten Gemüsegärten wurden zusätzlich die am Ende der Saison vorhandenen grünen Tomaten gezählt. Überraschenderweise konnte festgestellt werden, dass die Versuchs- und die Kontrollpflanzen genau die gleiche Anzahl an Früchten hervorgebracht hatten, dass aber am Ende der Saison an den mit Brennnesseljauche behandelten Pflanzen mehr Früchte zur Reife gekommen waren".

Die Tatsache, dass dies vor allem bei den klassischen Sorten und weniger bei den Hybriden festgestellt werden konnte, ist insofern wenig überraschend, als die Hybriden von Natur aus kräftiger sind als traditionelle Arten.

Im Vergleich der Wirkung der beiden eingesetzten Jauchen wird deutlich, dass die zur Verfügung gestellte Jauche in zehn von fünfzehn Fällen stärker wirkte als die von den Gärtnern selbst erzeugte. Daraus lässt sich schließen, dass es die „Amateure" bei der Erzeugung ihrer Extrakte offenbar noch an Sorgfalt und Präzision mangeln lassen.

Im **Folgejahr** wurden von 18 freiwilligen Gärtnern neue Versuche durchgeführt. Deren Ziel war es, die Wirkung von Brennnesseljauche zu vergleichen, die entweder auf den Fuß der Pflanze gegossen oder auf die Blätter gesprüht wurde. Damit sollte die immer wiederkehrende Frage der Gärtner nach der besten Art zur Verwendung der Jauche beantwortet werden.
Einmal mehr wurden Tomaten als Versuchspflanzen herangezogen.

Die **Ergebnisse** waren wieder signifikant genug, um zu interessanten Folgerungen herangezogen zu werden. So stellte sich heraus, dass auf den Boden gegossene Brennnesseljauche sich weitaus positiver auswirkte als auf die Blätter gesprühte. Im Falle der Tomatensorte „Saint Pierre" lag der Ertragsunterschied sogar bei 60 %! Im Durchschnitt konnten 10 bis 30 % mehr produziert werden – auch das schon ein bedeutendes Ergebnis.

Im **dritten Versuchsjahr** wurden Mischungen aus – getrennt zubereiteten – Pflanzenextrakten getestet, insbesondere aus Brennnessel und Beinwell.

Auszug aus der Analyse von Rémy Bacher:
„Die hier festgestellten Ergebnisse betrafen vor allem Unterschiede bei der Entwicklung der Pflanze selbst:
- Tomatenpflanzen, die mit Brennnessel- und anschließend mit Beinwelljauche gegossen wurden, brachten mehr Blüten und Früchte hervor als nur mit Brennnessel behandelte Pflanzen.
- Mit beiden Jauchen behandelte Pflanzen hatten kräftigere Stiele und Blätter als die Kontrollpflanzen, wobei die mit beiden Extrakten behandelten Pflanzen wiederum kräftiger waren als nur mit Brennnesseljauche behandelte.
- Am interessantesten ist der Ertrag an reifen Früchten, der bei der Anwendung von „Brennnessel + Beinwell" in 70 % der Fälle über dem der Kontrollgruppe lag.
- Sehr unterschiedlich wirkt sich die Behandlung in Bezug auf das Gewicht der Ernte aus. Hier konnten Steigerungen zwischen 6 und 50 % (in den meisten Fällen um 30 %) festgestellt werden.
- Im Vergleich mit völlig unbehandelten Pflanzen ist diese Verbesserung noch flagranter.
- Besonders deutlich wird die Wirkung der Kombination aus Brennnessel und Beinwell bei Betrachtung des Gewichts der grünen Tomaten (als Wert für das Ertragspotenzial der Pflanze).
- Keine Schlüsse konnten allerdings im Bezug auf das Auftreten von Mehltau gezogen werden."

Somit bestätigt der Versuch die Beobachtung, die viele von uns bereits im eigenen Garten gemacht hatten: Pflanzen geben dann ihr Bestes, wenn sie miteinander gemischt werden. Das Quartett „Brennnessel, Schachtelhalm, Beinwell + Farn" nimmt in Anbetracht seiner vielseitigen und synergetischen Wirkung dabei eindeutig die Spitzenposition ein.
Dennoch sollten Sie sich davor bewahren, angesichts der positiven Wirkung dieser Kombinationen die Extrakte aufs Geratewohl miteinander zu vermischen, denn natürlich kann dies auch zu negativen Auswirkungen führen. Das bestätigt einmal mehr die wichtige Rolle der Versuche, die jeder von uns im eigenen Garten anstellen kann. Wir wagen zu hoffen, dass die Lektüre dieser Zeilen auch bei Ihnen die Lust auf Experimente geweckt hat!

Versuche an Futterpflanzen

Ein weiterer Versuch, der unsere Aufmerksamkeit verdient, wurde 2006 von der Landwirtschaftskammer des Departments Creuse in Zentralfrankreich durchgeführt. Ziel war es, den Einfluss von Brennnessel- und Beinwellextrakt auf die Entwicklung von Wechselweiden zu untersuchen.
Obwohl die Extraktmischungen (5 l Mischung pro Hektar, verdünnt in 300 l Wasser) erst relativ spät, nämlich Mitte Juni, ausgebracht wurden, zeigten die Ergebnisse eine Ertragssteigerung von 5 % bei der zweiten Ernte (zu sehr heißen Temperaturen) und von 22 % bei der dritten Ernte auf.
Somit konnte gefolgert werden, dass der Ertrag zum geeigneten Zeitpunkt (Trockenheit und Wärme im Juni und Juli) und auf gut gedüngtem Boden um 9 % bis 22 % gesteigert werden kann. Wobei bei einer Ausbringung der Extrakte im April der Unterschied wahrscheinlich noch deutlicher ausgefallen wäre. Einmal mehr sollte also nicht vergessen zu werden, dass auch der Zyklus der Pflanzen bei den Versuchen nicht vernachlässigt werden darf!

Versuch auf Reben im Elsass

Hier konnte der elsässische Fachverband der Bio-Bauern (Organisation Professionnelle d'Agriculture biologique en Alsace, OPBA) anhand von präzisen Tests nachweisen, dass durch Einsatz von Pflanzenmitteln die nötige Kupfermenge von 1,5 kg auf 0,5 kg pro Hektar gesenkt werden kann!
„Dieser Versuch hat die Bedeutung von Mitteln auf Pflanzenbasis (Brennnessel und Schachtelhalm) beim Schutz vor falschem Rebmehltau und zur Reduzierung der Kupfermenge nachgewiesen. Der verzögerte Einsatz des Kupfers (2 Tage nach den Pflanzenmitteln) ist dabei nicht vorteilhafter als der Einsatz einer Mischung – sicherlich ein positiver Punkt für die Einführung dieser Techniken bei den Winzern." Jérémy Petit, November 2006.
Die vollständigen Ergebnisse können von der Website der OPABA (www.opaba.org) unter der Rubrik „fiches techniques" (technische Informationen) heruntergeladen werden.

Erfahrungsberichte

Zum Thema Rainfarn

Zwei Leser der französischen Erstausgabe des vorliegenden Buches wandten sich mit folgenden Erfahrungsberichten an dessen Autoren:

François M. aus Bertaucourt-Epourdon:

„Mit ist aufgefallen, dass in Ihrem Buch ein Mittel zum Verjagen von Maulwürfen fehlt: Dafür wird eine Handvoll Rainfarnblüten 48 Stunden lang in einer mit Wasser gefüllten Gießkanne eingeweicht. Mit der erhaltenen Flüssigkeit werden der ganze Garten oder zumindest die von den Maulwürfen befallenen Stellen gegossen. Das Ergebnis ist eindeutig: Die Maulwürfe kommen erst ein halbes oder ganzes Jahr danach zurück. Ich setze dieses Mittel, an das ich über die Biodynamik gekommen bin, bereits seit 20 Jahren ein.

In einem Jahr hatten die Maulwürfe eine sehr starke Aktivität in meinem Garten entwickelt. Damals habe ich eine große Kiste mit 2 Jahre alten Rainfarnblüten in einem Kübel mit Wasser angesetzt und anschließend nicht die Zeit gefunden, mich weiter darum zu kümmern. Einen Monat später war ich so zu echter Rainfarnjauche gekommen! Die Jauche habe ich mit drei Vierteln Wasser gemischt und damit den Garten gegossen. Kurz vorher hatte ich meine Lauchpflanzen zurückgeschnitten, die von Würmern befallen waren. Einen Monat später fiel mir auf, dass die Pflanzen am Blattende durchloch waren. Bei genauerer Untersuchung konnte ich feststellen, dass die Lauchpflanzen stark von Würmern befallen waren, dass die Rainfarnjauche die Schädlinge aber erstickt hatte."

Paule R. aus Paris:

„Ich freue mich sehr über die Möglichkeit, auf diesem Wege meine ,Tipps' für einen gesunden Garten mitteilen zu können, denn ich habe eine Entdeckung gemacht, für die sich bisher offenbar noch niemand interessierte:

Da ich gelesen hatte, dass Mittel auf Basis von Rhabarber der Bekämpfung der schwarzen Bohnenblattlaus dienten, ich aber nicht genügend Zeit für deren Zubereitung hatte, habe ich meine Saubohnenpflanzen einfach mit Rhabarberblättern umwickelt. Nur eine nicht – und die wurde im Folgenden von den Blattläusen befallen, während alle anderen verschont blieben! Das war vor ungefähr vier Jahren. Seitdem habe ich die Aktion bei jeder Rhabarberernte wiederholt, und es hat immer wieder funktioniert!" (…)

In Südamerika arbeiten Forscher zum Neuaufbau von Mikrofauna und -flora in stark ausgelaugten Böden mit Mitteln auf Basis von fermentiertem Kalbslabmagen. Ebenfalls in Südamerika verwenden Indianer Kaltauszüge aus Knoblauch und Zwiebel (1 kg in 10 l Wasser in 10:10-Verdünnung) als Fungizid zur Bekämpfung von Echtem Mehltau und anderen kryptogamischen Krankheiten. Diese Behandlungen haben nicht nur eine sehr lange Tradition, sondern auch eine mystische Dimension, denn vor dem Einsatz der Mittel holten sich die Bauern die Genehmigung des Schamanen ein, vor allem für Zubereitungen auf Basis von Knoblauch und Zwiebeln, die als „warme Pflanzen" angesehen werden.

Auf den Punkt gebracht

Wir haben bereits auf die wesentliche Rolle der Qualität des für die verschiedenen Zubereitungen (Fermentationsextrakte, Kaltauszüge, Tees und Brühen) verwendeten Wassers hingewiesen (S. 24 ff.).

Die gleichen Anforderungen gelten auch für das Ausbringen dieser Mittel. Weil dieser wichtige Faktor zu oft vernachlässigt wird, fallen zahlreiche Versuche mit Pflanzenextrakten negativ aus. Daher möchten wir hier noch einmal die verschiedenen Kriterien aufführen, die Sie unbedingt beachten sollten, wenn Sie mit Ihren Extrakten Erfolg haben möchten.

Zunächst einmal sollten Sie den pH-Wert Ihrer pflanzlichen Mittel (Tees, Kaltauszüge, Jauchen usw.) prüfen. Ebenso den der Kupfer- oder Schwefelbrühen, die Sie eventuell bei Mischungen einsetzen. Im Idealfall sollte der pH-Wert zwischen 6 und 6,5 liegen, das ist der pH-Wert der meisten Kulturpflanzen, bei dem die Mittel am besten aufgenommen werden.

Dies gilt auch für die Zubereitung von synthetischen Chemieprodukten, deren Dosierung bei korrektem pH-Wert stark gesenkt werden kann und, in verstärktem Maße, für Zubereitungen auf Pflanzenbasis.

Den pH-Wert messen Sie, nachdem Sie die verschiedenen Mittel (Pflanzen + andere Wirkstoffe) im Wasser gemischt haben. PH-Werte über 6 oder 6,5 können Sie durch Einsatz von Säuren senken. Benutzen Sie dafür schwache Natursäuren wie Essig. Dabei sollten Sie beachten, dass Weinessig saurer ist als Obstessig und dementsprechend stärker wirkt. Um den pH-Wert von 1.000 l Wasser um eine Einheit zu senken, benötigen Sie 5–6 l Weinessig (Quelle: OPABA). Um die geeignete Menge für Ihre zum Behandeln verwendeten Geräte festzustellen, können Sie die Essigmenge ermitteln, die zur Senkung des pH-Wertes in 10 l Lösung um eine Einheit benötigt wird, und diese anschließend hochrechnen.

Als Orientierungswert für Hobby-Gärtner wird davon ausgegangen, dass ein Glas weißer Alkoholessig in 10 l Zubereitung den pH-Wert um eine Einheit senkt.

Am besten geeignet ist auf jeden Fall ein pH-Messgerät (S. 36). Der ph-Wert von Regenwasser liegt generell im hier empfohlenen Bereich, sollte aber überprüft werden, da manche Dächer, über die das Wasser in die Regentonne läuft, den pH-Wert erhöhen können. Wasser von öffentlichen Versorgern hat meist einen Wert um 6,5, sollte aber ebenfalls überprüft werden. Wenn Ihr Wasser Kalkablagerungen verursacht, ist dies ein sicheres Anzeichen für einen hohen Kalkgehalt, also Vorsicht!

Bei Leitungswasser sollte zudem der Chlorgehalt überprüft werden. Dieses Wasser mischen Sie am besten, bevor Sie es einsetzen. Oder lassen Sie es 24 Stunden stehen, damit sich das Chlor verflüchtigen kann.

Ein letzter Punkt, der kontrolliert werden muss und zu häufig vernachlässigt wird, betrifft die Temperatur.

Vermeiden Sie zu starke Unterschiede zwischen Wasser- und Lufttemperatur, denn diese könnten bei den Pflanzen zu einer physiologischen Schockreaktion führen. Im Idealfall sollte das Wasser vor dem Einsatz in einem Kübel erwärmt werden; denn stellen Sie sich die Wirkung eines Eimers voll kaltem Brunnenwasser vor, der in der Sommerhitze auf die Pflanzen geschüttet wird … Und denken Sie schließlich daran, durstige Pflanzen vor dem Besprühen zu gießen!

Eigentlich gehört all dies zum gesunden Menschenverstand. Man muss nur im rechten Moment daran denken. In diesem Sinne wünschen wir Ihnen viel Spaß und Erfolg bei Ihren Versuchen!

Anhang

Pflanzenextrakte: Ein kurzer Überblick über die rechtliche Situation

Die Situation in Frankreich

Die „wenig bedenklichen Naturprodukte" und ihr Nutzen für Samen, Pflanzen und Anbauflächen nutzt der Mensch schon seit Jahrhunderten für Landwirtschaft und Gartenbau. Die Brennnessel nimmt dabei seit einigen Jahren eine Symbolrolle ein. Doch auch andere Vertreter, wie Schachtelhalm, Farn usw., haben sich in verschiedenen Zubereitungsformen bewährt, und im strengeren Sinne gehören selbst Essig, Molke und Mineralerde zu diesen äußerst hilfreichen Naturprodukten. Während zum Beispiel in Deutschland bereits 400 derartige Mittel auf dem Markt zugelassen sind, verhindert in Frankreich eine komplizierte und oft widersprüchliche Gesetzeslage ihre kommerzielle Ausbreitung. So hatte Ende Dezember 2006 eine Novellierung des französischen Wassergesetzes eine Sonderregelung für die wenig bedenklichen Naturprodukte geschaffen. Deren Markteinführung sollte damit im Vergleich zu den industriellen Pestiziden deutlich vereinfacht werden.

Doch der Optimismus bei Erzeugern und Nutzern sollte nicht lange andauern. Denn bereits 2009 legte ein neues Dekret fest, die Naturprodukte wieder der Pestizidliste der Europäischen Union zu unterstellen – und somit den synthetischen Pflanzenschutzmitteln gleichzusetzen–; dieses Dekret schloss zudem sämtliche nicht-pflanzlichen Mittel (wie Mineralerde, Molke usw.) aus der entsprechenden Kategorie aus. Darüber hinaus weigerte sich Frankreich, in anderen europäischen Ländern zugelassene Produkte anzuerkennen, obwohl dies in der EU-Regelung von 2009 vorgesehen ist. Während diese Produkte also in Deutschland, Österreich und Spanien bereits verkauft wurden, blieb ihnen der französische Markt verschlossen. Dies führte zu einer klaren Wettbewerbsverzerrung, da die französischen Produkte weiterhin die komplizierten und kostenintensiven Zulassungsverfahren für chemische Pflanzenschutzmittel durchlaufen mussten.

2011 schließlich wurde die „Brennnesseljauche" in Frankreich offiziell zugelassen. Das hierfür genau festgelegte Herstellungsverfahren jedoch widersprach völlig den von den Erzeugern eingesetzten Methoden, sodass es sich de facto um eine „falsche Zulassung" handelte.

Zudem waren die vorgesehenen Zulassungsverfahren für lebendige und komplexe Stoffe wie Pflanzenmittel völlig ungeeignet – und übertrafen mit Kosten um die 40.000 Euro zudem eindeutig die Finanzkraft der Landwirte oder Vereine, die als Antragssteller infrage gekommen wären. Denn im Gegensatz zu synthetischen Pflanzenschutzmitteln steht die Produktion von wenig bedenklichen Naturprodukten einem breiten Publikum offen, sodass hier keine Möglichkeit besteht, hohe Verfahrenskosten, die durch ein Handelsmonopol verursacht werden, auszugleichen.

Noch abstruser wurde die Lage durch die Beschlüsse des französischen Umweltkonvents „Grenelle de l'Environnement" im Jahre 2007: Der hier verabschiedete „Plan Ecophyto 2018" sieht vor, die Menge der in Frankreich eingesetzten Pflanzenschutzmittel bis 2018 um 50 % zu reduzieren – ein Ziel, dass angesichts mangelnder ökologischer Alternativen und der komplizierten administrativen Lage nur äußerst schwer zu erreichen sein dürfte.

Auch der oft von den Verfechtern der Gleichbehandlung von natürlichen und chemischen Pflanzenschutzmitteln angeführte Verweis auf die Giftigkeit einiger Naturprodukte ist insofern nicht triftig, als er völlig vernachlässigt, dass die natürlichen Mittel von der Natur erkannt und schnell in unschädliche Moleküle zerlegt werden, während giftige Synthesemoleküle nicht abgebaut werden können und sich langfristig im Ökosystem festsetzen. Da diese Mittel stark flüchtig sind, wird zudem davon ausgegangen, dass 20 bis 80 % der Substanzen gar nicht am vorgesehenen Einsatzort landen und ihr für die Gesundheit von Mensch und Umwelt gefährliches Potenzial stattdessen in ökologisch sensible Regionen wie Gebirgszüge oder Pole verfrachtet wird.

Die Tatsache, dass die wenig bedenklichen Naturprodukte in der ökologisch ausgerichteten Landwirtschaft bereits seit Jahrzehnten erfolgreich eingesetzt werden, zeigt, dass sich hier auch angesichts des drohenden Klimawandels und der Verknappung fossiler Rohstoffe eine ungeheure Chance für die Menschheit bietet.

Aus den verschiedenen aufgeführten Gründen scheint eine Gleichsetzung von chemischen und natürlichen Pflanzenschutzmitteln in Bezug auf ihre Zulassung absolut ungerechtfertigt. Bedenklich scheint in diesem Zusammenhang auch die Tatsache, dass die Auswirkungen der Syntheseprodukte auf Mensch und Umwelt weder ihren Herstellern selbst noch der Wissenschaft wirklich bekannt sind und erst zwei oder drei Jahrzehnte nach der ersten Anwendung festgestellt werden können. Auch vor diesem Hintergrund erscheinen die bestehenden Zulassungsverfahren doch eher als „Verschmutzungsrechte", die ohne jede Rücksicht auf die öffentliche Gesundheit vergeben werden, während die Naturprodukte, deren Auswirkungen seit langen Jahren überliefert sind, aus Mangel an wissenschaftlich verifizierten Beweisen verboten werden.

So kann, resümierend gesagt, abschließend eine Kluft zwischen Nutzern dieser Mittel und Verbrauchern einerseits und einigen Behördenvertretern andererseits festgestellt werden, die offenbar jeglicher ernsthaften Alternative zu chemischen Pestiziden den Weg versperren wollen. Da liegt der Verdacht nahe, dass sich die Politik hier zu Gefälligkeiten hinreißen lässt, bei denen der Schutz der Umwelt und die Gesundheit der Bevölkerung völlig außer Acht gelassen werden …

Die rechtliche Lage im deutschsprachigen Raum (von Dr. Gabriele Moder)

Pflanzenextrakte sind jedem von uns bekannt, und zwar als Tee, bei dem getrocknete Kräuter mit heißem Wasser übergossen werden und eine Zeitlang ziehen müssen. Kräutertees werden zu sehr unterschiedlichen Zwecken getrunken. Die Wirkung kann wärmend, anregend, entspannend oder auch heilend sein. Kräutertees zählen wohl zu den ältesten Hausmitteln, die wir kennen.

Und ähnlich wie beim Kräutertee gibt es auch für Pflanzenextrakte zur Anwendung im Garten unterschiedlichste Ziele und auch verschiedene Herstellungsformen. Diese reichen vom einfachen Aufguss bis zu längeren Aufbereitungsverfahren. Bei der Zubereitungsart spielt zusätzlich die Auslösungszeit eine besondere Rolle, da sich abhängig von der Zeit bestimmte Stoffe aus den Pflanzen lösen.

Über die Wirksamkeit der verschiedenen Pflanzenextrakte wurde bereits berichtet, in diesem Kapitel geht es darum, die rechtlichen Hintergründe zum Einsatz dieser Extrakte zu beleuchten.

Herstellung für den eigenen Garten ist „Privatsache"

Die Herstellung von Pflanzenextrakten und die Anwendung im eigenen Garten sind für jeden Gärtner bzw. für jede Gärtnerin möglich.

Handelsprodukte müssen den Gesetzen entsprechen

Gesetzliche Regelungen gibt es für Produkte, die am Markt angeboten werden. Dies gilt sowohl für Düngemittel als auch Pflanzenschutzmittel. Zusätzlich zur EU-Gesetzgebung gibt es länderspezifische Besonderheiten, die im Folgenden für Österreich, Deutschland und die Schweiz kurz erklärt werden.

Österreich: Pflanzenextrakte als Pflanzenhilfsmittel

Im österreichischen Düngemittelrecht gibt es die Kategorie „Pflanzenhilfsmittel" (entsprechend Österr. Düngemittelverordnung 2004, III. Typenliste, 12. Pflanzenhilfsmittel). Unter den möglichen Ausgangsstoffen für diese Produkte sind angeführt: „Pflanzliche Stoffe, insbesondere Extrakte daraus, mit geringem Nährstoffgehalt".

Bei der Verwendung von pflanzlichen Stoffen ist die Art der Pflanze anzugeben.

Das heißt also ganz klar, dass in Österreich pflanzliche Extrakte als Pflanzenhilfsmittel angeboten und verkauft werden dürfen. Sie fallen unter das Düngemittelrecht. Festgehalten ist auch, dass bei diesen Produkten nicht der Nährstoffgehalt entscheidend ist.

Als Pflanzenhilfsmittel gelten nach österreichischem Düngemittelrecht auch Produkte, die in Deutschland als Pflanzenstärkungsmittel in Verkehr gebracht werden.

Deutschland: Pflanzenextrakte als Pflanzenstärkungsmittel

Als Pflanzenstärkungsmittel gelten in Deutschland laut Pflanzenschutzrecht Stoffe und Gemische, die allgemein der Gesunderhaltung der Pflanzen dienen oder dazu bestimmt sind, Pflanzen vor nichtparasitären Beeinträchtigungen zu schützen. Unter „nichtparasitärer Beeinträchtigung" versteht man z. B. die Verminderung der Wasserverdunstung oder Mittel zum Frostschutz. Die Abgrenzung dieser Produkte zu den Pflanzenschutzmitteln ist nicht immer einfach.

Für Pflanzenstärkungsmittel gilt demnach Folgendes: Bei bestimmungsmäßiger und sachgerechter Anwendung dürfen Pflanzenstärkungsmittel keine schädlichen Auswirkungen auf die Gesundheit von Mensch und Tier, das Grundwasser sowie keine sonstigen nicht vertretbaren Auswirkungen, insbesondere auf den Naturhaushalt, haben.

Diese Mittel müssen beim Bundesamt für Verbraucherschutz und Lebensmittelsicherheit (BVL) angezeigt werden. Eine Liste der erlaubten Mittel wird im Internet veröffentlicht unter: www.bvl.bund.de

In dieser Liste sind einige Produkte enthalten, die aus Pflanzenextrakten bestehen.

Schweiz

In der Schweiz gibt es keine separaten gesetzlichen Bestimmungen für Pflanzenextrakte und keine spezielle Regelung für „Pflanzenstärkungsmittel". Das heißt, solche Produkte können, je nach Anwendungszweck und Nährstoffgehalt, als Düngemittel, als Pflanzenschutzmittel oder auch ohne Zuordnung zu diesen beiden Kategorien in Verkehr gebracht werden. Produkte mit geringem Nährstoffgehalt fallen nicht unter die Düngerverordnung, diese Produkte sind aber in der Schweiz frei handelbar.

Wann beginnt der Pflanzenschutz?

Die Definition von Pflanzenschutzmitteln besagt (entsprechend der EU-Verordnung Nr. 1107/2009, Artikel 2, Absatz 1), dass Pflanzenschutzmittel Produkte sind, die aus Wirkstoffen, Safenern oder Synergisten bestehen oder diese enthalten, mit folgendem Zweck (auszugsweise): Pflanzen oder Pflanzenerzeugnisse vor Schadorganismen zu schützen oder deren Einwirkung vorzubeugen,

unerwünschte Pflanzen oder Pflanzenteile zu vernichten,

ein unerwünschtes Wachstum von Pflanzen zu hemmen oder einem solchen Wachstum vorzubeugen.

Die Grenze zwischen Stärkung der Pflanze und Schutz oder Abwehr von Schadorganismen ist schwer zu ziehen und wohl auch fließend. Die rechtlichen Regelungen für Pflanzenstärkungsmittel, Düngemittel und Pflanzenschutzmittel sind aber sehr verschieden. Die Zulassung von Pflanzenschutzmitteln ist ein aufwendiger und teurer Prozess, der auf Konzerne und die Zulassung von chemisch-synthetischen Mitteln abgestimmt ist. Um den Besonderheiten von Pflanzenextrakten besser Rechnung zu tragen, ist auf EU-Ebene die Herausgabe eines Leitfadens („guidance document") geplant. Dies ist jedoch gar nicht so einfach, da es sowohl harmlose als auch giftige Pflanzenextrakte gibt, und es deshalb schwer fällt, für alle diese Extrakte eine einheitliche Regelung vorzuschlagen.

Grundsätzlich gilt, dass Produkte mit für den Pflanzenschutz anerkannten Wirkstoffen nicht mehr als Pflanzenstärkungsmittel oder Pflanzenhilfsmittel gelten können. Daraus können Konflikte um die Anerkennung von Grundsubstanzen für den Pflanzenschutz und dem Einsatzzweck von Produkten entstehen, wie es z. B. bei Schachtelhalmextrakt oder Brennnesselextrakt der Fall ist.

Pflanzenschutz im Bio-Landbau: Als Pflanzenschutzmittel dürfen im Bio-Landbau nur einige wenige Pflanzenextrakte eingesetzt werden, wie Pyrethrum, Neemextrakt und Quassiaextrakt. Diese Extrakte werden auf natürlichem Weg aus Pflanzen gewonnen und haben insektizide Wirkung. Sie sind in der Liste der erlaubten Wirkstoffe in der EU Bio-Verordnung aufgeführt. Zu den erlaubten pflanzlichen Wirkstoffen für Pflanzenschutzzwecke im Bio-Landbau zählen auch noch Pflanzenöle, wie z. B. Minzöl, Rapsöl oder Citronellöl.

Diese Wirkstoffe sind Bestandteil von Pflanzenschutzmitteln, die einem aufwendigen Zulassungsverfahren unterliegen und als anerkannte Pflanzenschutzmittel in den Handel kommen.

Pflanzenextrakte im Bio-Landbau: Die biologische Landwirtschaft und somit auch der biologisch arbeitende Gärtner ist daran interessiert, die natürlichen Prozesse zu fördern und zu stärken. Das bedeutet, den Boden zu pflegen und die Pflanzengesundheit zu fördern und damit möglichst dem Befall durch Krankheiten und Schädlinge vorzubeugen. Als Düngemittel und zur Pflanzenstärkung dürfen Pflanzenextrakte im Bio-Landbau eingesetzt werden.

Allerdings enthalten Handelsprodukte oft nicht nur einen Pflanzenextrakt, sondern auch noch andere Bestandteile wie z. B. Konservierungsmittel, welche nicht immer auf dem Etikett angegeben sind. Damit ist es für Landwirte nicht einfach, die Biotauglichkeit eines Produktes einzuschätzen. Aus diesem Grund werden Handelsprodukte von professionellen Stellen überprüft und die biotauglichen Produkte werden in sogenannten Betriebsmittellisten veröffentlicht. Solche Listen existieren für Österreich, Deutschland und die Schweiz. In Deutschland und der Schweiz wird die Überprüfung dieser Produkte vom Forschungsinstitut für biologische Landwirtschaft übernommen (Kurzbezeichnung FiBL), in Österreich vom unabhängigen Verein InfoXgen (www.infoxgen.com).

Im Internet wurden von den überprüfenden Stellen Datenbanken mit Produktabfragen eingerichtet, in denen biotaugliche Produkte gelistet sind.

Die Links für diese drei Länder:
www.betriebsmittelliste.at
www.betriebsmittelliste.de
www.betriebsmittelliste.ch

In Österreich ist eine eigene Listung für biotaugliche Gartenprodukte derzeit in Vorbereitung, um den interessierten Gärtnern Unterstützung bei der Wahl ihrer Produkte zu bieten. Informationen dazu finden sich auf: www.biologischgaertnern.at

Register